JOURNEY OF ANHUI INTERNATIONAL
SCIENCE AND TECHNOLOGY COOPERATION
(2013–2020)

# 安徽省
## 国际科技合作征程
### （2013～2020年）

罗 平 程雪涛 屈 昊 陈 伟 蔡文静◎编著

经济管理出版社
ECONOMY & MANAGEMENT PUBLISHING HOUSE

图书在版编目（CIP）数据

安徽省国际科技合作征程：2013～2020 年/罗平等编著．—北京：经济管理出版社，2021.7

ISBN 978－7－5096－8155－8

Ⅰ.①安…　Ⅱ.①罗…　Ⅲ.①国际科技合作—概况—安徽—2013－2020　Ⅳ.①F125.4

中国版本图书馆 CIP 数据核字（2021）第 143777 号

组稿编辑：郭丽娟
责任编辑：郭丽娟　白　毅
责任印制：黄章平
责任校对：王淑卿

出版发行：经济管理出版社
　　　　　（北京市海淀区北蜂窝 8 号中雅大厦 A 座 11 层　100038）
网　　址：www. E－mp. com. cn
电　　话：(010) 51915602
印　　刷：唐山玺诚印务有限公司
经　　销：新华书店
开　　本：720mm×1000mm/16
印　　张：13
字　　数：198 千字
版　　次：2022 年 3 月第 1 版　　2022 年 3 月第 1 次印刷
书　　号：ISBN 978－7－5096－8155－8
定　　价：88.00 元

# 序

　　2013 年，国家主席习近平提出了共同建设丝绸之路经济带和 21 世纪海上丝绸之路（简称"一带一路"）的重大国际合作倡议。共建"一带一路"倡议秉持共商、共建、共享合作原则，坚持开放、绿色、廉洁、合作理念，致力于高标准、惠民生、可持续的合作目标，以政策沟通、设施联通、贸易畅通、资金融通和民心相通为主要内容。"一带一路"倡议提出以来，为合作伙伴提供了更多市场机遇、投资机遇、增长机遇。8 年来，中方同近 140 个国家和地区签署了共建"一带一路"的合作协议，启动了大批务实合作、造福民众的项目，构建起全方位、复合型的互联互通伙伴关系，开创了共同发展的新前景。

　　当今世界，科技创新已成为引领未来发展的重要驱动力，各国都高度重视科技创新并将其作为提升综合国力和国际竞争力的重要手段，为此不断增加科技创新投入。中国同"一带一路"沿线国家和地区通过开展共同研究、共建联合实验室、开展国际技术转移、开办技术培训班、促进科技人员交流互访等方式，积极融入全球创新网络，共同推动全球科技创新合作。

　　近年来，安徽省不断增强创新基因、集聚创新资源、加速跨界融合，推动创新引领，其区域创新能力连续 7 年位居全国第一方阵。自"一带一路"倡议提出以来，安徽省不断深化与"一带一路"沿线国家和地区的科技交流与合作，持续探索国际科技创新合作新模式。安徽省依托重大科技基础设施、国际科技合作基地、国际科技合作项目等载体，主动布局和利用国际创新资源，与"一带一路"沿线国家和地区取长补短、相互学习，打造全方位、多层次的科技创新合作新格局。

创新是安徽省最闪亮的名片，在"一带一路"倡议下，安徽省同"一带一路"沿线国家和地区的国际科技创新合作将大有可为。


中国技术市场协会会长

科技部原科技参赞、人事司司长

陶元兴

# 前　言

推进"一带一路"建设是我国政府根据时代特征和全球形势提出的重大倡议，对促进沿线各国经济繁荣与区域经济合作、加强不同文明交流互鉴、促进世界和平发展，均具有划时代的重大意义。"一带一路"倡议自2013年提出以来便秉持共商、共建、共享原则，已有效促进了中国与沿线国家和地区对接发展、开展国际交流与合作、培养科技创新人才、培育并增强供给能力、催生新需求和动能。"一带一路"倡议为改善全球治理体系、促进全球共同发展、构建人类命运共同体提供了中国思路。

在国际科技合作方面，各国以"一带一路"创新共同体建设为载体，共建联合科研平台和技术转移平台，共建联合经贸合作区和科技园区，共建国际科技联盟与国际科技组织等合作平台和科技交流机制，同时引导创新主体积极参与"一带一路"创新之路建设。科技创新已逐渐成为"一带一路"建设的核心内容和重要驱动力，也成为促进民心相通和可持续发展的重要支撑和战略引领。

近年来，安徽省高度重视开放创新，尤其是抓住"一带一路"机遇，加快对外开放步伐，取得了显著成效。安徽省先后与近50个国家开展国际科技合作，主动参与全球研发与分工，突破了一批关键性核心技术，培养和集聚了一批高端人才，形成了一批国家级和省级国际科技合作基地平台，助推了一批科技企业快速成长，提升了科技创新能力。

本书共包括十章内容。在"一带一路"倡议背景下，本书首先梳理了2013～2020年安徽省与"一带一路"沿线国家科技创新合作状况，从安徽省

"一带一路"国际科技合作平台建设、项目运行、人文交流等方面，总结安徽省企业、高校、院所与"一带一路"沿线国家开展科技创新合作的经验，充分发挥其示范带动效应，推广其有效做法，进一步营造有利于其发展的社会环境；其次分析安徽省"一带一路"国际科技合作的机遇和挑战；最后从安徽省对外科技合作优秀案例中选取若干典型案例，以反映安徽省开展"一带一路"国际科技合作的全貌和绩效。

# 目　录

# 第一章 引 言

## 第一节 历史背景

国际科技合作是科技发展永恒的主题，人类历史就是一部科技交流与合作的历史。早在人类历史的早期，我们的祖先基于获取生存资源的需要就已经交流狩猎技巧和农业生产技术。美索不达米亚平原的农业出现之后，农业技术就逐渐传播到埃及、西欧、中国以及其他地方。农业技术的交流构成早期国际科技合作画卷的主要组成部分。

丝绸之路不仅是一条国际贸易之路，也是一条科学技术交流之路。古代丝绸之路中中西方科技交流的内容涵盖基础科学和应用技术，其中以应用技术为主，基础科学占比不高。在应用技术方面，农业技术是丝绸之路上中西方技术交流的重要组成部分。张骞出使西域后，大量植物和动物品种从西域诸国传来，形成了中国农业发展史上第一次物种交流大高潮。据史书记载，这些作物品种有葡萄、黄瓜、西瓜、菠菜、胡桃（核桃）、石榴等数十种。除了植物品种之外，良马及其培育技术也是汉王朝等中原王朝的重要引进对象。中国在引进域外物种和农业技术的同时，也对外输出大量物种和农业技术。如蚕、水稻、家猪沿着丝绸之路，远传欧洲，对西方农业物种格局产生较大影响。尤其是铁犁牛耕技术、灌溉工程技术等中原王朝先进的农业技术传播到西域诸国之后，极大地提高了当地农业生产效率，至今仍留有遗迹。其他应用技术方面，公元751 年的怛罗斯之战使大食国俘获唐军战俘，战俘里面的造纸匠人教授阿拉伯人造纸技术，从而使阿拉伯人获得造纸技术，进而传到欧洲，推动欧洲近代文明大发展。印刷品的西传使欧洲人掌握了印刷技术。早在唐朝时，制瓷技术就已通过丝绸之路远播西域，著名的唐三彩制造技术也随怛罗斯之战而被阿拉伯人掌握。元朝时期，由于大量阿拉伯人、波斯人来中国定居，伊斯兰地区的陶瓷工艺也传播到我国，并为中国工匠所吸收并再创造。陶瓷制造技术的中西方双向交流表明国际技术交流有利于促进技术进步和经济发展。火药技术的雏形源于中国古代炼丹家的丹炉，宋、元、明等王朝不断发展和完善火药技术，明朝军队中已有成建制装备火铳的神机营。随着蒙古帝国的征伐，火药技术西传至阿拉伯国家，公元 14 世纪前后，阿拉伯国家在蒙古帝国传来的火筒和火枪基础上，开发出威力更大的管状火器马达法。丝绸之路也使中西方的医学技术得到交流，促进了中西方医学技术的发展。中世纪阿拉伯著名医学家伊本·西那所著《医典》中介绍了中国医学的切脉术和一些中草药。五代时期，李珣撰写的《海药本草》是我国第一部海药（海外及南方药）专著，现存的该书中收录124 种药物，转引叙述了大量外来药物的性状气味、真伪辨别、功能主治、服用方法等知识。

历史上"一带一路"沿线各国之间的科技交流是世界科技合作交流史的重要组成部分，对于沿线国家和世界的科技进步、经济发展和人民物质文化生活水平的提高发挥了重要作用。2013 年 9 月和 10 月，国家主席习近平提出与世界各国共同建设"新丝绸之路经济带"和"21 世纪海上丝绸之路"的伟大倡议，赢得国际社会的广泛关注和高度评价。七年多来，我国政府秉持共商、共建、共享原则，同沿线各国开展密切互利合作，惠及沿线各国人民。以史为鉴，建设"一带一路"，必须将国际科技合作摆在突出位置。在国家推进"一带一路"建设科技创新合作的大背景下，扩大安徽省同"一带一路"有关国家科技合作的广度和深度十分有必要。通过参与"一带一路"国际科技合作，不仅可以解决安徽省面临的发展难题和产业升级"瓶颈"，同时也有利于将安徽省先进的科技资源、丰富的科技人才对接到"一带一路"有关国家，为实现政策沟通、设施联通、贸易畅通、资金融通、民心相通提供科技力量支撑。

# 第二节 时代背景

### 一、"一带一路"倡议的基本内涵

2013 年 9 月 7 日，国家主席习近平在出访哈萨克斯坦纳扎尔巴耶夫大学时作了题为《弘扬人民友谊 共创美好未来》的演讲，提出要共同建设"丝绸之路经济带"。2013 年 10 月 3 日，习近平主席在印度尼西亚发表题为《携手建设中国—东盟命运共同体》的演讲，提出共同建设"21 世纪海上丝绸之路"。"丝绸之路经济带"和"21 世纪海上丝绸之路"简称"一带一路"倡议。共建"一带一路"倡议以政策沟通、设施联通、贸易畅通、资金融通和民心相通为主要内容。

习近平总书记在 2017 年"一带一路"国际合作高峰论坛圆桌峰会上的开幕词《开辟合作新起点 谋求发展新动力》提出，"在'一带一路'建设国际合作框架内，各方秉持共商、共建、共享原则，携手应对世界经济面临的挑战，开创发展新机遇，谋求发展新动力，拓展发展新空间，实现优势互补、互利共赢，不断朝着人类命运共同体方向迈进。这是我提出这一倡议的初衷，也是希望通过这一倡议实现的最高目标"。

### 二、"一带一路"倡议的发展历程

在"一带一路"倡议背景下，中国政府成立了推进"一带一路"建设工作领导小组，并在国家发展和改革委员会设立领导小组办公室。2015 年 3 月，中国发布《推动共建丝绸之路经济带和 21 世纪海上丝绸之路的愿景与行动》；2017 年 5 月，首届"一带一路"国际合作高峰论坛在北京成功召开。中国还先后举办了博鳌亚洲论坛年会、上海合作组织青岛峰会、中非合作论坛北京峰会、中国国际进口博览会等。2018 年 8 月，习近平主席在北京主持召开推进"一带一路"建设工作 5 周年座谈会，提出"一带一路"建设要从谋篇布局的"大写意"转入精耕细作的"工笔画"，向高质量发展转变，造福沿线国家人民，推动人类命运共同体的构建。2019 年 4 月，第二届"一带一路"国际合作高峰论坛在北京举行，论坛以"共建'一带一路'、开创美好未来"为主题，由开幕式、圆桌峰会和高级别会议三部分组成。

近年来，共建"一带一路"倡议得到了越来越多国家和国际组织的积极响应，受到国际社会广泛关注，影响力日益扩大。

# 第三节　理论背景

## 一、国际科技合作的概念

联合国教科文组织将国际科技合作定义为"科学和技术知识的共享，即两个或两个以上国家的公民在彼此接受下进行的知识交流"。在这一定义中，一切"一带一路"沿线国家跨国的科学或技术的交流活动，都可以称为"一带一路"国际科技合作。"一带一路"国际科技合作的内涵主要包括"一带一路"沿线国家间国际科学研究合作、国际技术开发合作，除此之外，"一带一路"国际科技合作的内涵还包括"一带一路"沿线国家间的科技人才培养与培训、科技文化建设、科技金融合作等。应当看到，"一带一路"国际科技合作的概念和内涵是与时俱进、不断发展的，因此，随着国际经济格局的调整和科技发展趋势的变化，"一带一路"国际科技合作的概念还需要进行修正和充实。

## 二、国际科技合作的动力

人类古代历史中就有数量众多的有关跨国跨地区科技交流合作事实的记载，

这表明国际科技合作是科技研究的一般规律。不同国家和地区的人们可能面对相同的科技难题，有着相似的科技研究兴趣，从而产生相互交流的需要。不同国家和地区的科技发展水平不一，科技资源禀赋不一，从而产生后发国家向先发国家学习的需要。即使是科技水平最发达的国家，也有自己的科技短板和科技劣势，从而产生与科技水平相同或不同的国家合作的需要。

（一）现代科技创新活动具有高复杂性和高耗费性

现代科学技术创新活动日益复杂化，一些科学成果的发现和技术成果的创造往往需要数年乃至数十年的努力，所需的设备多为非标设备，仅靠一国力量，可能难以完成繁重复杂的科研目标和科研任务。一些重大科技项目所需的科研投入甚至超过了单个国家的财政供给能力，因此面对巨额的资金压力，各国开始寻求国际合作。以目前世界上规模最大的国际科技合作计划"国际热核聚变实验堆（ITER）计划"为例，该项目计划集成当今国际上受控磁约束核聚变的主要科学和技术成果，旨在第一次建造人类历史上大规模核聚变反应的实验堆。国际热核聚变实验堆（ITER）计划由欧盟、中国、美国、日本、韩国、印度和俄罗斯共同参与，我国于2003年作为全权独立成员加入ITER计划。根据2006年5月24日中国、美国、欧盟、俄罗斯、韩国、日本和印度草签的《成立ITER国际组织联合实施ITER计划的协定》和《给ITER国际组织以特权与豁免的协定》，该项目预计持续30年，耗资约为100亿美元。

（二）优势互补

国际科技合作的一个主要动力就是由于各国科技优势不同，于是基于弥补科技短板的战略意图，展开相关领域科技合作。整体来看，各国在某些领域形成比较科技优势，这主要和一个国家的科学研究传统、著名科学家的推动、科技政策、经济发展需求等几个因素有关。世界上任何一个国家都不可能在所有领域都保持领先优势或强势地位，因此各国间的国际科技合作在一定程度上可以提高各国科技短板的发展水平。具体来看，企业、高校、科研机构之间也存在着优势互补的可能性，一个企业技术实力即使居于行业领先地位，也不可能掌握所有的技术要点。任何一个高校、科研机构都有自己的学科短板和研究弱项，也都有自己的学科优势和研究亮点。实践来看，西方主要发达国家已经将国际科技合作作为促进自身科技发展的常态化战略，这样做的主要目的之一就是为了获取他国优势科技资源，以弥补自身科技发展的不足之处。

### （三）经济发展

产业发展和经济增长离不开科学技术的推动。现代社会国与国竞争的核心表现为经济实力的竞争，而经济实力的竞争往往表现为科技实力的竞争。一个封闭的国家不仅在经济上会落后于他国，在科技上也很难获得突破。

以合肥通用机械研究院有限公司从事的重型压力容器轻量化关键技术研究为例。该研究院在对美国 FISHER、德国 SCHUF、丹麦 BCH 等生产的同类阀门进行充分调研的基础上，历经十余年科研攻关，攻克了耐磨材料强韧性匹配、阀芯流量控制型线设计、低流阻锐角换向、切刀和鸭嘴进料预处理等核心技术，研制出煤粉流量控制阀、煤粉三通换向阀、聚合物旋转阀等系列产品，打破了国外技术垄断，填补了国内空白，有力推动了我国阀门行业的技术进步。实践表明，进行对外科技合作，有利于尽可能利用外部科技资源，吸收世界先进科研成果。因此对外科技合作是引领科技竞争的重要方式。

### （四）国际责任承担

积极承担国际责任是现代国家的重要特征。发展水平先进的国家更应当承担国际责任，即帮助落后国家解决其发展过程中面临的人们生活水平不高、生态环境污染严重、科技发展落后等问题，提高落后国家发展水平。具体到国际科技合作领域，科技发达的国家应该通过人才支持、项目管理、资金投入、技术转移等多种方式帮助科技落后国家发展科技。

承担国际责任是中国作为负责任大国的应有之义。长期以来，中国以实际行动和具体举措支持发展中国家科技事业。如科技部自1989年即启动发展中国家技术培训班，该培训班旨在支持"一带一路"科技创新合作重点领域，促进我国与发展中国家的科技合作与人才交流；以增强发展中国家科技促进经济社会发展的能力为目标，培养中高端专业技术人才，传授先进适用技术。

## 三、国际科技合作的主体和方式

国际科技合作主体多种多样，在实践中，政府、科研机构、企业、民间组织乃至个人都可以是国际科技合作的主体。值得一提的是，民间合作往往以两国间建立外交关系为前提，当两国间没有建立外交关系时，民间对外科技合作的规模和范围是有限的，受到的限制也较多。

根据参与合作各方科技水平的高低，国际科技合作主要分为三种方式：其一是水平合作，指科技水平和科技优势相当的合作方之间进行的合作，这种合作往往存在于互有不同科研优势，但研发水平相近的合作方；其二是垂直合作，即科技实力相差较大的合作方进行合作，这种合作含有援助的内涵，同时也含有互补的内涵；其三是综合型合作，即同时存在水平合作或垂直合作，综合性合作往往融合竞争和互补两种内涵。

### 四、国际科技合作的影响因素

合作方在选择国际科技合作对象时，需要考虑和评估多种因素，比如政治体制和价值观会影响合作方对合作对象的选择，例如，中华人民共和国成立之初主要与苏联等社会主义国家开展科技合作，在一边倒的科技合作指导思想下，与西方发达国家几乎不存在科技合作。而在今天，一个科研机构、企业的科研实力往往成为合作方选择合作对象的重要考量因素，有些合作方甚至为了与对方合作，而做出若干让步。尤其对于涉及重大利益的科学创新项目和技术创新项目，除了科技实力之外，政策的稳定性、知识产权保护、组织管理水平等因素也是重要的评估因素。

# 第二章 中国推进"一带一路"国际科技合作情况

## 第一节 我国"一带一路"国际科技合作总体概况

对外科技创新合作是"一带一路"创新之路建设的核心内容和重要驱动力。习近平总书记在首届"一带一路"国际合作高峰论坛的主旨演讲中强调"要将'一带一路'建成创新之路""'一带一路'建设本身就是一个创举,搞好'一带一路'建设也要向创新要动力"。建设"一带一路"创新之路将有效促进中国与沿线国家和地区发展战略对接、产能合作等,培养科技创新人才,培育并增强供给能力,催生新需求。

与相关国家开展科技合作是共商、共建、共享"一带一路"的重要内容。2018 年 11 月,"一带一路"国际科学组织联盟成立大会在京举行。国家主席习近平在贺信中强调,"发挥好'一带一路'国际科学组织联盟的平台作用,加强科技创新政策和发展战略对接,开展重大科技合作,培养创新创业人才,提升科技创新能力,为促进民心相通和经济社会可持续发展,为推动建设绿色之路、创新之路,为推动构建人类命运共同体作出重要贡献"。

以"一带一路"创新共同体建设为载体,各国共建联合科研平台和技术转移平台，共建联合经贸合作区和科技园区，共建国际科技联盟与国际科技组织等合作平台和科技交流机制，同时引导创新主体积极参与"一带一路"创新之路建设，切实提升科技创新对促进民心相通和可持续发展的支撑引领能力。

"一带一路"创新之路建设为科技创新合作提供广阔空间。中国以高水平开放促进深层次改革，在开放互利合作中发展自身，同时帮助相关国家提高工业化水平，实现经济现代化。截至 2019 年初，中国同"一带一路"沿线国家的货物贸易额累计超过 6 万亿美元，对外直接投资超过 900 亿美元，与 40 多个重点国家签署了产能合作文件，与欧亚经济联盟签署了经贸合作协定。《亚太贸易协定》第四轮关税减让成果文件正式生效实施。中国推进多个自贸协定（升级）谈判，共建双边（多边）自由贸易区，在沿线国家建设境外经贸合作区 80 余个。中国与 100 多个国家建立双边政府间科技合作关系，与主要发达国家全面建立创新对话机制，与发展中国家深入推进科技伙伴关系，加入了 200 多个政府间国际科技合作组织。

2018 年首届中国国际进口博览会吸引了 58 个"一带一路"沿线国家的 1000 多家企业参展，占参展企业总数的 1/3 左右。全球新一轮科技产业变革为各国提供了多元发展机遇，国际技术资金转移为各国提供了国际投资机遇，服务外包转移为各国提供了市场拓展机遇。据世界银行《2019 年营商环境报告》，中国政府在过去一年为改善营商环境实施的改革数量再创纪录，营商环境全球排名从第 78 位提升至第 46 位，体现出我国深入推进全面改革和对外开放取得的新成效。中国巨大的市场潜力和规模将为各国投资、贸易、金融和科技创新合作提供新机遇。

科技创新合作为"一带一路"创新之路建设提供驱动力，应当看到，我国对外开放的外部环境正在发生新的变化，风险挑战加剧。全球经济治理体系正处于深刻变革调整过程中，世界经济新的增长动力仍未形成，诸多不确定性因素正逐渐显现，以创新推动经济社会可持续发展已成为全球共识。习近平主席强调："各国应该坚持创新引领，加快新旧动能转换。各国要共同推动科技创新、培育新的增长点，共享创新成果；应该把握新一轮科技革命和产业变革带来的机遇，共同打造新技术、新产业、新业态、新模式。"为此，要优化创新引领的营商环境，集聚创新资源，促进实体经济、科技创新、现代金融、人力资源融合发展。在数字经济、人工智能、纳米技术、量子计算机等前沿领域加强合作，推动大数据、云计算、智慧城市建设，为 21 世纪数字丝绸之路和创新之路建设提供驱动力。

2016 年 9 月，为贯彻落实《推动共建丝绸之路经济带和 21 世纪海上丝绸之路的愿景与行动》，发挥科技创新在"一带一路"建设中的引领和支撑作用，科技部、国家发展改革委、外交部、商务部联合发布了《推进"一带一路"建设科技创新合作专项规划》，提出要全面打造发展理念相通、要素流动畅通、科技设施联通、创新链条融通、人员交流顺通的创新共同体。专项规划是中国推进"一带一路"科技创新合作的纲领性规划。

专项规划在指导思想中提出，要秉持和平合作、开放包容、互学互鉴、互利共赢理念，以增强战略互信、促进共同发展为导向，全面提升科技创新合作的层次和水平，推动"五通"（政策沟通、设施联通、贸易畅通、资金融通、民心相通）。这为从事"一带一路"科技创新合作、开创"一带一路"建设新局面提供了有力支撑。开展科技创新合作的基本原则是"共建共享，互利共赢""以人为本，增进互信""分类施策，聚焦重点""改革创新，内外统筹""政府引领，市场主导"。专项规划明确了"一带一路"建设科技创新合作的近期目标是用 3—5 年时间，使科技人员交流合作大幅提升，来华交流培训的科技人员达到 15 万人次以上，来华工作的杰出青年科学家人数达到 5000 名以上；与沿线国家就深化科技创新合作、共同走创新驱动发展道路达成广泛共识，与重点国家的合作规划、实施方案基本形成，并签署合作备忘录或协议；建设一批联合实验室（联合研究中心）、技术转移中心、技术示范推广基地和科技园区等国际科技创新合作平台，鼓励企业在沿线国家建成若干研发中心，重点项目实施初见成效。专项规划提出的中期目标是用 10 年左右时间，重点突破，实质推进，以周边国家为基础、面向更大范围的协同创新网络建设初见成效，形成吸引"一带一路"沿线国家科技人才的良好环境，重点科技基础设施建设、联合实验室（联合研究中心）、平台网络建设等投入使用并发挥成效，重大科技合作项目取得重要成果，重点产业技术合作推动下的国际产业分工体系初步形成，"一带一路"创新共同体建设稳步推进。专项规划中提出的远期目标是到21世纪中叶，"一带一路"两翼齐飞，全面收获。科技创新合作推动"五通"目标全面实现，建成"一带一路"创新共同体，形成互学互鉴、互利共赢的区域协同创新格局。专项规划中明确了"一带一路"科技创新合作的重点任务是"密切科技沟通，深化人文交流""加强平台建设，推动技术转移""支撑重大工程建设，促进科技资源互联互通""共建特色园区，鼓励企业创新创业""聚焦共性技术，强化合作研究"。同时，专项规划明确了在农业、能源、交通、信息通信、资源、环境、海洋、先进制造、新材料、航空航天、医药健康、防灾减灾等重点领域开展科技创新合作。

# 第二节　长三角区域相关省市"一带一路"对外科技创新合作情况

## 一、江苏省

江苏省作为经济、科技及教育各方面领先的省份，一直以来都将科技的发展放在重要位置。因此，随着"一带一路"的提出与发展，江苏省便凭借着独特的区位优势，与"一带一路"沿线国家与地区之间进行科技创新合作，推出一系列建设创新型省份的科技政策以响应国家号召，深度融入"一带一路"科技创新合作，不断深化与"一带一路"沿线地区的科技创新合作。

### （一）科技人才交流

在科技人才交流方面，江苏省委、省政府尤其注重国际人才交流与合作，并为此制定了"一带一路"人才交流专题的实施方案。截至2020年2月，江苏省与世界上63个国家与地区缔结友城339对。为促进沿线国家地区与江苏省高校的人才交流与互动，总计设立"一带一路"专项奖学金1000万元，该政策惠及了沿线国家与地区的300余名学生。江苏省举办"俄罗斯科技交流与项目对接活动""中国—中东欧国家创新合作大会""中国—伊朗纳米技术国际交流与对接会"等人才交流活动，让"一带一路"沿线地区的高层次专家能够在交流活动中发布行业的前沿技术项目信息，让省内科技型企业与专家交流对接，推动先进技术向江苏省转移，促进双边及多边的科技合作。在科技人才交流的过程中，江苏省不断拉近与"一带一路"沿线国家科技界的距离，逐步构建多元化、多层次的人才交流网络。

（二）共建联合实验室

在共建联合实验室方面，江苏省目前有全球变化与水循环、动物健康与食品安全、柔性电子、信息显示与可视化等国际合作联合实验室。在这些实验室中，集聚了芬兰、俄罗斯、加拿大等"一带一路"沿线国家及地区以及美国、英国等发达国家的高层次人才，取得了丰富的科研成果。除此之外，江苏省还推出一系列科技优惠政策，吸引跨国公司、海外学术和科研机构在省内建立研发基地。为此，江苏设立总规模达300亿元的"一带一路"投资基金，为打造科技综合平台，吸引高层次专业人才、高质量科技资源奠定良好的物质基础。江苏省通过共建联合实验室的方式，调动各个创新主体之间的积极性，促进主体之间的科技资源共享，提升联合科技创新效率。

（三）科技合作园区

在科技合作园区建设方面，早在2002年，南京市科技局便建立了南京·以色列科技合作平台并确定了14个技术合作项目，邀请以色列专家来南京传授农牧业技术知识及先进经验，帮助科技园学员掌握先进技术和实用的管理理念，拓宽思路，扩大生产。此后，为进一步深化科技合作、拓宽科技合作领域，江苏省相继建立了南京·印度科技合作平台、南京·莫斯科科技合作中心、常州中俄科技合作创业园、中国·以色列常州创新园、新加坡·南京生态科技岛等合作园区。其中，南京·印度科技合作平台借鉴印度发达的软件业务流程外包产业，加快了南京软件业拓展至欧美地区的业务流程外包产业的步伐；南京·莫斯科科技合作中心促进了爆炸法合成纳米金刚石、电加热薄膜的研究及应用等项目的合作开发，并通过科技产业化，转让实验成果，获得销售收入累计达1.2亿元；常州中俄科技合作创业园作为中俄合作的基地，促进了双方先进科技成果的转移，研发出了具有国际优势的高科技产品。这些科技合作园区作为江苏省融入全球科技创新网络、建立自主创新示范区的重要载体，在江苏省参与"一带一路"科技创新合作过程中，既共享了园区内各国、各地区先进的发展经验，又促进了科技与产业的融合。

（四）技术转移创新

在技术转移创新方面，江苏省启动"一带一路"创新合作与技术转移联盟，希望在科技创新合作的对接过程中，能够集聚大院大所的科技资源与先进人才，实现互利共赢，中国科技部、中国工程院都表达了合作意向。在技术转移的过程中，双方可深入了解彼此之间的科技合作需求，进一步强化科技创新合作网络，使区域创新合作更加紧密。

（五）江苏省参与"一带一路"国际科技创新合作的特征

江苏省参与"一带一路"国际科技创新合作的主要特征为：

合作形式多样。江苏省当前参与"一带一路"科技创新合作除了传统的人才走访与交流、专家交流会议以外，还包括共建科技合作园区、共建联合实验室、建立技术创新转移中心等多种形式。

合作领域广泛。江苏参与"一带一路"科技创新合作的领域涉及机械制造、船舶制造、仪器仪表、化工、环保、材料、生物技术等多个领域。例如，近年来在与以色列的科技创新合作的项目中，涵盖了一大批高技术、高创新的成果："废旧轮胎重复利用技术""无线网络控制器""基因组育种技术""汽车调温器""肝病小分子化药"等。

合作内容不断深化。江苏省在科技合作过程中，除了注重多形式、多领域的科技合作项目以外，尤其注重合作深度的挖掘。近年来，江苏省积极组织高层次人员去往"一带一路"沿线科技实力雄厚的地区进行技术的交流和吸收，吸引海外高层次专家来到本地进行学术分享与交流，有目的地提升江苏省科研团队的专业素质。

## 二、浙江省

自"一带一路"倡议实施以来，浙江省科技厅积极构建多元化、多层次的科技创新合作机制，全面谋划推进浙江省与沿线国家开展科技交流、共建载体、联合研究等合作；浙江省制定《浙江省推进"一带一路"建设科技创新合作实施方案》，先后组团对以色列、捷克、匈牙利等 10 余个"一带一路"国家进行实地访问考察，拓展深化政府间合作；设立全国首个"一带一路"合作专项，为推动浙江省和成员国的经济社会发展起到了积极作用。

（一）高层互访，积极构建和拓展政府间合作

浙江省目前已经与以色列、葡萄牙中部大区、捷克、芬兰等 10 余个沿线重点国家和地区签订了正式的政府间科技合作协议，并设立和启动了联合研发项目计划；与泰国科技部、俄罗斯西伯利亚科学院、乌克兰国家科学院等的政府间合作协议将要进行签署。

（二）主动设计，加大"一带一路"项目支持力度

浙江省以项目落实国际科技合作，使之成为支撑"一带一路"建设的重要抓手。2014 年开始，浙江省科技厅就与重点合作国家共同设立了产业联合研发计划，与加拿大、芬兰、以色列、葡萄牙、捷克等国采取对等支持方式，共同支持双方科技企业间面向国际市场、以产业化为目的的产业研发合作项目，项目合作单位涵盖 10 余个沿线国家和地区。

（三）搭建平台，积极设立国际科技合作基地

根据前期《关于引进"大院名校"联合共建科技创新载体的若干意见》《关于对引进大院名校共建科技创新载体实行以奖代补的意见》的落实情况，浙江省积极谋划引进和设立海外创新载体，支撑"一带一路"建设。在以色列等国牵头设立海外创新孵化中心，引进落地浙江项目和人才。

（四）扩大影响，参与或举办国际科技对接交流会

各国和地区参与浙江投资贸易洽谈会国际高新技术展示对接会，来自以色列等 15 个国家和地区的政府、企业、科研院所和技术转移机构外国代表参会，携带技术成果与省内企业对接，取得了良好效果。同时，浙江省连续举办日本专家浙江行、浙江国际科研医疗仪器设备技术交流展览会等活动，持续打造国际技术对接交流品牌。浙江国际科研医疗仪器设备技术交流展览会在"一带一路"沿线国家中影响力不断扩大，交流会累计引进国际先进科研、医疗器械价

值总额超过 100 亿元人民币。

（五）活跃交流，打造国际产业合作园

国际合作园区在功能定位上作为所在区域乃至全国参与国际竞争与合作的战略节点，体现出整合区域功能、聚焦高端产业、突出创新驱动的鲜明特征。在发展定位上，国际合作园区在区域发展层面有着明确的定位，并力求着眼国际，提高自身的国际竞争力。国际合作园区更加注重构建创新体系，建立多元化的创新渠道，推进园区产、学、研、用合作，整合科技资源，强化企业作为创新研发的投入主体作用，畅通科技成果的快捷化渠道。从 2015 年开始，浙江省从自身条件出发，促进一个个契合国际需求、对接国际规则、推进产能合作的国际产业合作园次第兴起，如中德（嘉兴）产业合作园、中荷（嘉善）产业合作园、中韩（衢州）产业合作园等。据浙江省商务厅统计，目前，浙江省正在创建的国际产业合作园已有 20 余家，其中约 50% 的合作伙伴为欧洲国家，15% 的合作伙伴为北美国家。

此外，浙江省科技厅不断完善政策体系、探索建立国际科技合作管理机制，设立国际科技合作成果转移转化引导基金和国际科技合作奖，拓宽国际科技合作模式和投入体系，加强科技人才交流与引进，使"一带一路"倡议下的国际科技合作为浙江省经济社会的全面发展起到坚实的支撑作用。

### 三、上海市

上海市在"一带一路"科技创新合作中也积极作为，具体如下：

（一）外资在沪研发中心加速集聚

截至 2020 年 10 月，落户上海的外资研发中心达 477 家，占我国内地外资研发中心总数的 1/4，其中由世界 500 强企业设立的研发中心约占 1/3，主要集中在生物医药、信息技术、汽车零部件和化工等行业。此外，上海市科委还采取项目支持和信息服务等形式，鼓励上海高校和科研单位积极与"一带一路"国家和地区开展科研合作。

（二）国际技术转移机构相继建立

目前，上海已汇聚了一批从事国际技术转移的专业性机构，主体既有高校、科研院所，也有事业单位和企业，形式上则有中央地方共建和中外共建等。此外，上海还积极支持上海科技创业中心作为亚洲企业孵化器协会（AABI）成员积极与亚洲国家开展孵化器方面的交流合作；支持上海技术交易所与越南、泰国建立长期技术合作，并与东盟技术转移中心、亚洲知识产权交易平台建立长期战略合作伙伴关系。

（三）对外投资并购大幅增长

从对外合作的模式看，上海已从过去的产品、劳务输出为主向产品、产业、服务、资本的综合输出迈进。从国别来看，相关项目主要集中在新加坡、马来西亚、印度、以色列、印度尼西亚、哈萨克斯坦、泰国、捷克等国家，针对大洋洲与欧洲等发达国家和地区的投资比重也在不断上升。从行业来看，主要对外投资行业包括软件与信息技术服务业、通信电子与汽车制造业以及科学研究与技术服务业。

（四）跨国创新对话交流日趋成熟

目前，上海已形成了以综合性平台和专业性论坛相互结合的多层次、多领域中外科技创新对话交流机制，尤以浦江创新论坛、中国国际工业博览会等最具国际影响力。在近几年的浦江创新论坛上，都专门设有"一带一路"科技创新分论坛。此外，近年来上海市科委还陆续与白俄罗斯、越南、柬埔寨等国的主管部门签订科技合作备忘录，促进与白俄罗斯、立陶宛和拉脱维亚政府、高校、科研院所及企业的合作。

（五）科技人文交流和科技合作平台不断深化

上海发布《"一带一路"青年科学家交流国际合作项目指南》，"一带一路"联合实验室建设加快启动。全市媒体积极推进"一带一路"宣传，在沿线重要节点国家开展"魅力上海"城市形象推广活动。以上海中医药大学附属曙光医院为主要合作方的"中国—捷克中医中心"项目被纳入中捷合作国家战略。

（六）"一带一路"智库建设稳步推进

上海积极开展"一带一路"相关研究，推进与沿线国家的智库交流。丝路信息网于 2017 年正式上线，涵盖"一带一路"沿线 65 个国家和众多城市，发布高质量研究成果。复旦大学积极参与中共中央对外联络部牵头的"一带一路”智库合作联盟工作，并成立“一带一路”及全球城市治理研究院，目前已与沿线大部分国家智库建立联系，形成了中国—东盟“10＋1”智库联盟等“一带一路”智库区域网络。

# 第三节　部分省份“一带一路”对外科技创新合作概况

## 一、广东省

广东省在我国“一带一路”建设，尤其是海上丝绸之路建设中具有独特的优势。早在先秦时期，岭南地区与南海诸国已有经贸往来。作为海上丝绸之路最早的发祥地之一，广东省是中国两千多年唯一从未中断海上贸易的省份，并始终与海上丝绸之路沿线诸国保持着频密的经贸联系，为中华文明与世界文明的交流发挥着重要的窗口作用。改革开放以来，广东省对东盟、南亚、南太国家等海上丝绸之路沿线国家和地区贸易实现跨越式发展，并逐步发展成为国内与东盟、南亚、南太国家经贸合作量最大的省份之一。

作为改革开放的前沿阵地，广东省一直以来都高度重视国际科技合作与交流，以世界眼光和战略思维谋划广东的发展，构建了全方位、多层次、宽领域、系统化、战略性的国际科技合作格局，探索出一条以政府为引导、以企业为科技合作主体、以产学研示范基地为载体、以高校和科研机构为先导、以粤港关键领域的重点突破项目为抓手、以技术输出为突破口、以民间科技交流团体为纽带、市场化运作的国际科技合作模式。

（一）出台“一带一路”相关政策性文件

2015 年底，根据国家层面的文件，广东省出台了《广东省参与丝绸之路经济带和 21 世纪海上丝绸之路建设实施方案》，实施方案是广东省开展“一带一路”建设的总纲领，而广东省也成为全国各省份中第一个制定参与“一带一路"实施方案的省份。广东省相继出台了《中国（广东）自由贸易试验区建设实施方案的通知》《中国（广东）自由贸易试验区管理试行办法》《广东省促进外贸稳定增长和转型升级若干措施的通知》等政策性文件。

（二）加强广东—东盟科技合作圈建设

当前，广东省国际科技合作的主要对象是美欧、独联体、日韩、港澳等科技较发达的国家和地区，与东盟之间的科技交流多于合作，存在较大的落差。对于广东省与东盟的科技合作，从合作领域上看，主要集中在农业领域，在高新技术领域的合作较少；从技术流向上看，广东省对东盟国家的技术输出较多，而从东盟国家进行的技术引进较少；同时，合作还具有很大的援助性和公益性。2013 年，中国—东盟农业科技协作网成立，将越南、柬埔寨、老挝、马来西亚、菲律宾、泰国等国家确定为农业科技合作的重点对象，有效地促进了我国先进农业技术向东盟国家的转移，提升了我国农业科技在东盟地区的知名度与影响力，为广东省农业科技走进东盟提供了重要平台。在技术引进方面，新加坡是广东省引进新技术的主要国家。

（三）促进粤港澳大湾区科技合作

粤港澳区域科技合作圈是一个由政府、企业、科研机构、大学等多方主体共同参与、集产学研于一体的复杂系统。为了推进粤港澳的深层次合作，广东与港澳相继签署了《珠江三角洲地区改革发展规划纲要（2008—2020 年)》《关于建立更紧密经贸关系的安排》和《粤港合作框架协议》等重要政策文件，明确了推进粤港澳进一步合作的总体架构，为粤港澳科技合作提供了制度平台。以粤港科技合作为例，将重点围绕粤港产业结构优化升级、科技资源充分整合、产业发展科技创新体系对接等方面加强合作；深入开展粤港科技合作联合资助计划，提升知识创新和技术创新能力；加强粤港高校、科研机构和企业间的合作，健全粤港科研机构长期合作机制；推动香港科技资源在与广东省高新园区、专业镇、平台基地等的合作中加强协作，完善粤港科研载体与环境建设；完善粤港联席会议机制，加强科技合作的统筹协调力度。通过建立有力的制度性合作平台，粤港澳科技合作取得了丰富的成果。利用各自在资源、资金、技术、管理经验等方面的优势，粤港澳建立了基于"前店后厂"的产业科技合作模式，形成了共同的产业分工网络，并通过有力的制度平台建设不断推进粤港澳科技合作的进一步深化发展。

（四）"丝绸之路基金会"助力广东高新技术交流和产业孵化

丝绸之路基金会是由波兰爱国华侨领袖招益华等商界精英和金融界联合发起设立，专注投资于"一带一路"的落地项目。2016 年，丝绸之路基金会向广东省大京世控股集团股份有限公司、广东省我的家电商贸有限公司及深圳酉信金融控股有限公司投入共计 2 亿元人民币，专用于创建"一带一路"空间走廊和搭建"一带一路"高科技产业孵化平台。其中，丝绸之路基金会将"一带一路"的空间商贸平台"我的家"总部设在广州，为每一个沿途国家和地区免费创建一个名优产品展示专区，为沿途各国搭建起贸易空间和物联网的走廊，打通各国间的民间购物和贸易的便捷通道，将货物销售的中间环节去掉。另外，丝绸之路基金会为了使"一带一路"平台落到实处，与广东省大京世控股集团有限公司共同发起设立了"南沙大京世上市企业加速港"，并专门设立了"一带一路"高科技产业孵化平台，为南沙产业园的落地做好准备。

## 二、陕西省

陕西省是"一带一路"圈定的 18 个省份之一，推进"一带一路"建设，既是深化陕西省内陆改革开放的现实任务，也是陕西省转型升级社会发展的重要历史机遇。近年来，陕西省依托各类科技创新主体，对接和利用全球科技创新资源，大力支持"一带一路"科技创新中心建设，取得了显著成效。陕西省以《陕西省推进建设丝绸之路经济带和 21 世纪海上丝绸之路实施方案（2015—2020 年）》《陕西省"一带一路"建设 2018 年行动计划》等为纲领性文件，积极打造内陆改革开放新高地，明确提出"十三五"时期将以"一带一路"建设为契机，实施对外开放合作创新工程，打造丝绸之路国际科技合作基地，推动高新技术企业、科研机构、技术转移机构和高新技术产业园区的国际化。

（一）举办大型国际会议

陕西省连续举办"一带一路"科技创新创业博览会。陕西省科学技术厅、陕西省贸促会、陕西省科学技术协会、中国产学研合作促进会、中国技术市场协会共同主办了多届"陕西'一带一路'科技创新创业博览会"。第三届博览会于 2019 年举办，邀请了比利时、多哥、伊朗、塔吉克斯坦、奥地利、泰国等丝绸之路沿线国家参加，加强创新能力开放合作，积极促进陕西与"一带一路"沿线国家和地区的科技创新领域开放合作，为"一带一路"建设注入新动力，全面展示了国内外近年来在人工智能、大数据、云计算、能源科技、军民融合等重点领域的科技创新发展成果，促进科技与产业深度融合，推动企业科技创新发展，为陕西省打造"一带一路"科技创新高地贡献力量。

（二）积极开展国际科研合作

陕西省以国家国际科技合作基地、省级国际科技合作基地、国家国合专项、省级国际科技合作立项为抓手，与外方共建联合实验室和研究中心，如西北工业大学与法国、丹麦、比利时、荷兰组建了中法并行工程联合实验室、中法虚拟设计与制造联合研究中心、中比宇航计算技术联合实验室 3 个国际合作平台；西北有色金属研究院与澳大利亚昆士兰大学合作，设计制备具有自主知识产权的双峰型孔结构；西北大学与俄罗斯科学院普通物理研究所光学研究中心开展了联合研究，开发出光纤传输的万瓦级激光器系统；西安交通大学与俄罗斯国立莫斯科大学在电子功能材料方面开展了合作研究，取得了多项研究成果；陕西省启动与新西兰在猕猴桃技术领域和商业领域的合作研究，陕西省农村科技开发中心与新西兰植物与食品研究院在猕猴桃品种筛选、种植技术等方面进行合作研究，建立中国—新西兰猕猴桃联合研究中心。

（三）积极组织团体参与境外科技交流活动

陕西省与港澳台开展科技合作，组织赴台进行科技合作交流、科技合作项目推介及科技合作项目签约活动，组织召开"海峡两岸科技合作论坛"。

陕西省建立"一带一路"沿线国家（地区）科技资源信息库，编译了《中亚五国国情概览》；组织赴巴西、南非、俄罗斯、法国、澳大利亚等国家的出访团。

# 第三章 安徽省参与"一带一路"国际科技合作情况

## 第一节 安徽省参与"一带一路"建设概况

### 一、安徽省参与"一带一路"建设的成果

#### (一)积极鼓励开放型经济发展

制约安徽省经济社会发展的一个关键因素就在于开放型经济发展不足,开放是实现安徽高水平发展的必由之路。"一带一路"倡议的提出,为安徽省扩大对外开放、打造内陆开放新高地提供了难得的机遇。安徽省抢抓战略机遇,组织企业赴"一带一路"沿线国家开展境外市场考察和项目洽谈活动,鼓励骨干企业到沿线国家建设境外经贸合作区,支持安徽省企业到沿线国家中国境外经贸合作区投资,鼓励企业进入境外经贸合作区抱团发展,借安徽省通江达海的资源优势,更多地参与到海上丝绸之路的国际合作中,寻找实现安徽经济开放突围发展的战略路径。

2020 年,安徽省对"一带一路"沿线国家和地区进出口额达 1312.7 亿元,比上年增长 11.8%,占全省进出口总量的 24.3%。安徽省作为"一带一路"的

重要节点和重要枢纽的地位日益显现。近年来，随着"一带一路"倡议深入实施，以及发达国家和新兴经济体存在巨大投资需求，安徽省在参与国际分工合作中获得更多机遇。安徽省积极支持优势和特色产业"走出去"，通过开展产业国际合作和交流，不断拓展新的合作领域和空间，行业结构持续优化。从"借船出海"到"造船出海"再到"抱团出海"，历经海外市场风雨洗礼，逐渐成长起来的安徽企业，正以党的十九大精神为统领，以更加积极的姿态深度融入"一带一路"国际合作，一批骨干企业发挥自身优势，业务遍及沿线 30 多个国家和地区。

（二）积极打通对外合作通道

安徽省大通道、大平台、大通关建设稳步推进，大大提升了安徽省与沿边沿海省市及"一带一路"沿线国家和地区的通达能力。安徽省重点推动跨区域、跨流域综合立体交通基础设施建设，以航空、铁路、港口、管网等重大工程为依托，加速推进实施一批互联互通项目，提升与沿边沿海省市和"一带一路"沿线国家地区的通达能力。开通至我国港澳地区和菲律宾、泰国等多个国家的国际客运航线及合肥至洛杉矶国际货运航线，积极筹备合肥至莫斯科客运航线。安徽省深度参与全国通关一体化改革，深化关检"三个一"合作，建成安徽国际贸易"单一窗口"，主要功能覆盖率达 100%，口岸通关时间压缩三分之一。安徽省出台实施海关特殊监管区域扩能升级行动方案，合肥、芜湖、马鞍山等综合保税区及蚌埠、安庆、宣城、合肥空港等保税物流中心先后获批，全省进境指定口岸累计达 12 个。

（三）大力开展对外投资经营

近年来，安徽省省属企业紧紧抓住"一带一路"建设机遇，深度参与国际产能合作，大力开展对外投资和跨国经营，取得了积极进展。海螺集团重点制定和实施了东南亚一体化的投资发展规划，大力优化水泥产业布局，截至 2020 年 10 月，安徽省已在印度尼西亚、缅甸、老挝、柬埔寨、俄罗斯等"一带一路"沿线国家和地区设立 42 家公司，累计投资超 100 亿元；江汽集团扩大海外投资，产品覆盖伊朗、埃及、哈萨克斯坦、孟加拉国、斯里兰卡、越南、菲律宾、老挝、阿尔及利亚以及南美、东欧等国家和地区；省农垦集团在津巴布韦投资开发农业项目,从最初的 2 个农场发展到目前的 8 个农场,开垦土地 10.8 万亩,还带动国内大批农机、水利等农业装备出口,货值 6000 万元人民币,成为全国农业"走出去"的典范。丰原集团与巴西南马托格罗索州政府就玉米、大豆深加工项目签署《关于农业深加工合作框架协议》,发挥投贷组合优势,助力中巴农业深加工领域合作。

(四)积极鼓励科技人文交流

近年来,安徽省与"一带一路"沿线国家和地区科技人文交流合作进一步加强,安徽省境外知晓度、美誉度进一步提升。安徽省与沿线国家友好城市合作布局进一步优化,对接重大外事活动和国家对外平台成果丰硕,中博会和徽商大会等经贸推介活动主场优势充分显现,世界制造业大会对促进安徽省开放发展意义重大,安徽(合肥)"侨梦苑"建设、"海外侨胞联络站"等涉侨资源得到充分利用。

**二、安徽省参与"一带一路"建设相关规划、政策和举措**

(一)出台《安徽省参与建设丝绸之路经济带和 21 世纪海上丝绸之路实施方案》

《安徽省参与建设丝绸之路经济带和 21 世纪海上丝绸之路实施方案》提出要加快构建东西双向开放大通道,积极开展国际产业技术合作,切实加强战略互动和区域合作,努力在服务全国大局中提升发展水平、拓展发展空间。《实施方案》明确了安徽省企业参与"一带一路"建设的预期目标和基础设施、对外贸易、产业投资、能源合作、对外工程承包、社会人文等重点领域。

(二)下发《2018 年度安徽省支持中小企业参与"一带一路"建设工作意见》

《2018 年度安徽省支持中小企业参与"一带一路"建设工作意见》由安徽省贸促会与安徽省经济和信息化委员会联合下发。这一工作意见明确省经信委与省贸促会成立工作组,定期召开会议,研究支持中小企业参与"一带一路"建设的具体措施,协调解决贸易和投资过程中遇到的实际问题;加快建立经贸信息服务平台;开展贸易和投资促进工作,双方共同组织中小企业参加在"一带一路"沿线国家举办的经贸交流、展览展示等活动；聚焦安徽省重点产业，在智能制造、生物医药、节能环保、冶金建材、轻纺家电等重点行业开展国际产能合作，举办一场大型跨境对接专题活动。同时，围绕中小企业关注的焦点问题，积极开展政策指导和培训服务，加大对中小企业跨国经营管理人才培训力度；根据企业需求，组织开展"一带一路"沿线国家国别、外贸融资和综合服务、外贸与投资法律风险与防范等培训班。

（三）建立完善的"走出去"促进政策体系

安徽省财政厅出台《对外投资合作专项资金管理办法》《关于推进安徽省境外经济贸易合作区建设的意见（试行）》，省财政厅、中国出口信用保险公司安徽分公司出台《关于共同打造安徽企业"走出去"风险保障服务平台的通知》，由此建立了较为完善的"走出去"促进政策体系。"走出去"专项资金自设立以来，已从"走出去"项目前期费用补助、贷款贴息、海外投资保险、境外技术专利注册费、承包工程保函费用、境外展会费用、对外劳务合作、公共服务等方面，给予 200 多家企业约 5 亿元的支持。其中，为响应国家战略并结合安徽省实际，对涉及"一带一路"市场和国际产能合作领域的"走出去"项目和企业还给予倾斜支持。该项政策实施以来，受到企业的广泛欢迎。

（四）支持安徽省企业开展跨国经营

安徽省政府办公厅出台《关于支持企业"走出去"开展跨国经营的指导意见》，明确了安徽省企业跨国经营的总体目标、发展方向和具体措施，按照"市场决定、政府引导，突出重点、有序发展，面向全球、发展安徽"的原则，引导和支持省内各类所有制企业"走出去"。为贯彻《指导意见》，安徽省组织开展了多场政策宣讲活动，根据《指导意见》要求，制订了《安徽省"走出去"企业激励办法》《安徽省"走出去"企业跨国经营管理人才培训计划》，积极支持企业"走出去"。省金融办、省商务厅共同出台了《关于金融支持企业走出去的实施意见》，对企业"走出去"予以金融保险支持。中国人民银行合肥中心支行制定了《关于推进外汇改革简政放权　支持涉外实体经济平稳健康发展的指导意见》，及时解决外汇资本金结汇等实际难题。

（五）推进国际产能和装备制造合作

安徽省出台《安徽省推进国际产能和装备制造合作实施意见》，确立了

"走出去"实施产能合作的原则、目标、战略布局，着重推动安徽省家电、汽车及零部件、工程机械、钢铁、建材、化工、能源、建筑、农业等优势产能和装备制造产品开展国际合作。

# 第二节　安徽省"一带一路"国际科技合作指导思想和基本原则

## 一、指导思想

安徽省秉持和平合作、开放包容、互学互鉴、互利共赢理念，以全面发挥科技创新合作对共建"一带一路"的支撑引领作用为主线，以增强战略互信、促进共同发展为导向，结合安徽省科技资源优势和产业特色，协同长三角地区和周边省区，全面提升科技创新合作的层次和水平，推动政策沟通、设施联通、贸易畅通、资金融通、民心相通，打造发展理念相通、要素流动畅通、科技设施联通、创新链条融通、人员交流顺通的创新共同体，使安徽省成为"一带一路"国际科技合作新高地。

## 二、基本原则

（一）共建共享，互利共赢

安徽省作为负责任的合作方，在推进"一带一路"建设科技合作时，坚持共建共享、互利共赢原则，充分理解尊重"一带一路"沿线国家的科技发展需求，积极共享符合沿线国家发展需要的技术成果。一些西方国家对发展中国家开展科技合作时，往往以利用对方廉价科技资源为手段，意图推广自身科技标准和科技产品，利用科技优势攫取高额经济利益，甚至附加政治利益诉求。而"一带一路"国际科技合作旨在打造利益共同体和命运共同体，增进共同繁荣。

（二）以人为本，增进互信

安徽省推进"一带一路"建设科技合作，突出科技人才在支撑"一带一路"建设中的关键核心作用，以人才交流深化科技创新合作，激发科技人才的积极性和创造性，为深化合作奠定坚实的人才基础。坚持有效使用现有人才，积极引进优质人才，重点培养需要人才的人才观，形成安徽省"一带一路"国际科技合作人才体系。

（三）分类施策，聚焦重点

"一带一路"国际科技合作并不局限于科学研究合作和技术开发合作，也包括科技交流和技术转移等。"一带一路"国际科技交流涵盖科技情报交换、科技信息共享，主要形式有培训、访问、参观、网络共享平台建设。"一带一路"国际技术转移是指"一带一路"沿线国家间对于制造产品、生产方法和服务方式的系统知识的转移。安徽省聚焦战略重点，有序推进，制定和实施有针对性的科技创新合作政策，集中力量取得突破，形成示范带动效应。

（四）改革创新，内外统筹

国际创新主体以企业为主，同时政府、高校也会参与到国际科技创新中去，形成政府、企业、高校多方协作的国际科技合作格局。安徽省加快推动体制机制改革创新，加强与沿线国家科技管理机构、社会组织运行机制的对接，统筹利用国内国际两个市场、两种资源，形成分工协作、步调一致、共同推进的工作局面。

（五）政府引领，市场主导

安徽省充分发挥政府在重大合作活动中的引导作用，发挥市场在资源配置中的决定性作用和各类企业在科技创新合作中的主体作用。科学研究通常不直接产生经济效用，因此企业等商业实体对投资科学研究一般兴趣不高，虽也有一些企业投资基础科学研究，但科学研究最大的投资方通常是政府。"一带一路"国际科技合作，要加大政府间的支持和引导，吸引企业投入资金，尽可能扩大基础科学研究的创新网络。"一带一路"国际技术开发合作，要加大改革创新，以市场为主导，统筹各方研发资源，突破重大关键技术的难点和痛点。

# 第三节　安徽省参与"一带一路"
# 国际科技合作的优势

## 一、科研平台数量多、等级高

### （一）大科学装置

大科学装置是指以工程建设为基础，持续大规模投入，通过长期不间断科学研究活动和技术创新活动，实现战略性科技目标，获得基础性和原创性成果，起到平台作用的重大科研设施。大科学装置对于完善我国国家创新体系，提高科技发展综合实力有着重要作用。

大科学装置与传统科技实施和一般科研仪器显著不同。大科学装置工程一般不具有直接的经济效益，是国家科技进步和产业变革的母机；大科学装置对外开放性、合作性强，往往由不同国家的专家共同参与建成。大科学装置是建设科技强国的重要支撑，美欧等发达国家往往通过大科学装置，建成综合性科研基地，进行多学科交叉研究，发展和突破高新技术，实现科技飞跃式发展。

截至 2020 年底，安徽省共有国家大科学装置 7 个，分别是同步辐射装置、全超导托卡马克核聚变实验装置、稳态强磁场实验装置、聚变堆主机关键系统综合研究设施、未来网络试验设施（合肥分中心）、高精度地基授时系统（合肥一级核心站）、雷电防护试验研究重大试验设施（见表 3 – 1）。

表 3 – 1　安徽省国家大科学装置（截至 2020 年底）

| 序号 | 名称 | 依托单位 | 所在市 |
| --- | --- | --- | --- |
| 1 | 同步辐射装置 | 中国科学技术大学 | 合肥 |
| 2 | 全超导托卡马克核聚变实验装置 | 中国科学院合肥物质科学研究院 | 合肥 |
| 3 | 稳态强磁场实验装置 | 中国科学院合肥物质科学研究院 | 合肥 |
| 4 | 聚变堆主机关键系统综合研究设施 | 中国科学院合肥物质科学研究院 | 合肥 |
| 5 | 未来网络试验设施（合肥分中心） | 中国科学技术大学 | 合肥 |

| 序号 | 名称 | 依托单位 | 所在市 |
|---|---|---|---|
| 6 | 高精度地基授时系统（合肥一级核心站） | 中国科学技术大学 | 合肥 |
| 7 | 雷电防护试验研究重大试验设施 | 中国科学技术大学 | 合肥 |

资料来源：安徽省科技统计公报。

（二）研发平台

研发平台是开展"一带一路"国际科技合作的重要载体，既是基础科学研究和技术研发的重要主体，也是重要的科技基础设施，在国家经济建设和社会进步中发挥巨大作用。研发平台具有综合科技研发资源和信息的能力，极大地提高对基础数据和基础信息的利用效率。特别是国家研究中心、国家重点实验室建设时间长，资金投入大；建设难度高，具有技术综合性复杂性突出的特点，非标设备大量适用；所产生的科研成果具有引领性和开创性。截至2020年底，全省共有省级及以上研发平台3154家，其中国家级研发平台210家，具体见表3-2。安徽省具有国家重点实验室12家，涉及现代农业、人工智能、安全工程、激光技术、先进材料、核电子学等领域，位居全国前列，具体见表3-3。

表3-2　全省省级及以上研发平台（截至2020年底）　单位：家

| 平台类别 | 国家级 | 省级 | 数量 |
|---|---|---|---|
| 安徽省实验室 | — | 14 | 14 |
| 安徽省技术创新中心 | — | 14 | 14 |
| 重点实验室（含国家研究中心） | 12 | 175 | 187 |
| 工程实验室 | 7 | 108 | 115 |
| 国家地方联合工程实验室 | 8 | — | 8 |
| 工程技术研究中心 | 9 | 525 | 534 |
| 工程研究中心 | 3 | 167 | 170 |
| 国家地方联合工程研究中心 | 32 | — | 32 |
| 企业技术中心 | 95 | 1537 | 1537 |
| 质量监督检验中心 | 27 | 77 | 104 |
| 工业设计中心 | 11 | 322 | 322 |
| 国际联合研究中心 | 6 | 36 | 42 |
| 新型研发机构 | — | 94 | 94 |
| 临床医学研究中心 | — | 21 | 21 |
| 合计 | 210 | 3090 | 3154 |

资料来源：安徽省科技统计公报。

表 3 - 3  国家重点实验室（截至 2020 年底）

| 序号 | 名称 | 依托单位 | 所在市 |
|---|---|---|---|
| 1 | 合肥微尺度物质科学国家研究中心 | 中国科学技术大学 | 合肥 |
| 2 | 火灾科学国家重点实验室 | 中国科学技术大学 | 合肥 |
| 3 | 脉冲功率激光技术国家重点实验室 | 国防科技大学电子对抗学院 | 合肥 |
| 4 | 压缩机技术国家重点实验室 | 合肥通用机械研究院有限公司 | 合肥 |
| 5 | 核探测与核电子学国家重点实验室 | 中国科学院高能物理研究所、中国科学技术大学 | 合肥 |
| 6 | 省部共建茶树生物学与资源利用国家重点实验室 | 安徽农业大学 | 合肥 |
| 7 | 浮法玻璃新技术国家重点实验室 | 中建材蚌埠玻璃工业设计研究院有限公司 | 蚌埠 |
| 8 | 深部煤炭开采与环境保护国家重点实验室 | 淮南矿业（集团）有限责任公司 | 淮南 |
| 9 | 金属矿山安全与健康国家重点实验室 | 中钢集团马鞍山矿山研究总院股份有限公司 | 马鞍山 |
| 10 | 稀土永磁材料国家重点实验室 | 安徽大地熊新材料股份有限公司 | 合肥 |
| 11 | 认知智能国家重点实验室 | 科大讯飞股份有限公司 | 合肥 |
| 12 | 深部煤矿采动响应与灾害防控国家重点实验室 | 安徽理工大学 | 淮南 |

资料来源：安徽省科技统计公报。

## 二、科技投入力度大

2020 年，安徽省研发投入达 883.2 亿元，比 2019 年增加 17.1%，居全国第 11 位，详见表 3 - 4。

表 3 - 4  安徽省研发投入总体情况（2020 年）

| 指标 | 数值 | 全国位次 | 较上年增长 |
|---|---|---|---|
| 全社会 R&D 经费（亿元） | 883.2 | 11 | 17.1% |
| 占地区生产总值的比重（%） | 2.28 | 10 | 0.25% |

资料来源：安徽省科技统计公报。

### 三、科技产出数量多、质量高

（一）安徽省专利申请和授权情况

专利申请和授权量是衡量科技产出的重要指标。2019 年，安徽省专利申请量达 167039 件，全年专利授权量 82524 件，其中发明专利申请量 62905 件，发明专利授权量达 14958 件，PCT 专利申请量 424 件。2020 年，安徽省专利申请量达 227571 件，全年专利授权量 119696 件，其中发明专利申请量 80045 件，发明专利授权量 21432 件，PCT 专利申请量 616 件，较上年增长 45.3%。这些指标反映出安徽省科技产出数量多、质量高、国际化程度高。2013～2020 年安徽省专利申请和授权情况见表 3－5。

表 3－5　安徽省专利申请和授权情况（2013～2020 年）

| 年份 | 指标 | 全年专利申请量（件） | 全年专利授权量（件） | 发明专利申请量（件） | 发明专利授权量（件） | PCT 专利申请量（件） | 累计有效发明专利量（件） |
|---|---|---|---|---|---|---|---|
| 2013 | 绝对数 | 93353 | 48849 | 34857 | 4241 | — | 11566 |
| | 全国位次 | 6 | 6 | 7 | 8 | — | 13 |
| 2014 | 绝对数 | 99160 | 48380 | 49960 | 5184 | 119 | 15939 |
| | 全国位次 | 6 | 7 | 6 | 8 | 14 | 12 |
| 2015 | 绝对数 | 127709 | 59039 | 68314 | 11180 | 125 | 26075 |
| | 全国位次 | 6 | 9 | 5 | 7 | 13 | 8 |
| 2016 | 绝对数 | 172552 | 60983 | 95963 | 15292 | 206 | 39104 |
| | 全国位次 | 6 | 9 | 4 | 7 | 12 | 7 |
| 2017 | 绝对数 | 175871 | 58213 | 93527 | 12440 | 207 | 47734 |
| | 全国位次 | — | — | 5 | 7 | — | — |
| 2018 | 绝对数 | 207428 | 79747 | 108782 | 14846 | 295 | 61475 |
| | 全国位次 | — | — | 5 | 7 | — | — |
| 2019 | 绝对数 | 167039 | 82524 | 62905 | 14958 | 424 | 74812 |
| | 全国位次 | — | — | — | 7 | — | — |
| 2020 | 绝对数 | 227571 | 119696 | 80045 | 21432 | 616 | 98186 |
| | 全国位次 | — | — | — | 7 | — | — |

资料来源：安徽省市场监督管理局。

（二）高新技术企业数量增长快

企业既是"一带一路"国际科技合作的重要主体，也是"一带一路"国际创新网络的重要一极。截至 2020 年底，安徽省高新技术产业开发区内企业营业收入达 18376.30 亿元，开发区内高新技术企业数达 2962 家，这反映出安徽省企业具有雄厚的对外科技合作潜力和优势。安徽省高新技术产业开发区营业收入和区内高新技术企业数见表 3-6。

表 3-6 安徽省高新技术产业开发区情况（2020 年）

| 序号 | 名称 | 营业收入（亿元） | 区内高新技术企业数（家） |
| --- | --- | --- | --- |
| 1 | 合肥高新区 | 7305.10 | 1490 |
| 2 | 芜湖高新区 | 1552.80 | 290 |
| 3 | 蚌埠高新区 | 1398.10 | 217 |
| 4 | 马鞍山慈湖高新区 | 1443.00 | 123 |
| 5 | 铜陵狮子山高新区 | 390.20 | 72 |
| 6 | 淮南高新区 | 196.20 | 36 |
| 7 | 安徽阜阳界首高新区 | 720.60 | 91 |
| 8 | 合肥新站高新区 | 1311.80 | 122 |
| 9 | 安徽滁州高新区 | 976.70 | 142 |
| 10 | 安徽合肥庐江高新区 | 224.90 | 35 |
| 11 | 安徽宣城高新区 | 306.00 | 47 |
| 12 | 安徽池州高新区 | 315.40 | 28 |
| 13 | 安徽淮北高新区 | 446.90 | 41 |
| 14 | 安徽安庆高新区 | 111.40 | 26 |
| 15 | 安徽博望高新区 | 125.90 | 39 |
| 16 | 安徽宿州高新区 | 132.90 | 22 |
| 17 | 安徽六安高新区 | 217.00 | 34 |
| 18 | 中新苏滁高新区 | 157.10 | 30 |
| 19 | 安徽亳州高新区 | 878.50 | 31 |
| 20 | 安徽黄山高新区 | 166.00 | 46 |
| | 全省 | 18376.30 | 2962 |

资料来源：《2020 年安徽省科技统计公报》。

# 第四节　安徽省"一带一路"国际科技合作总体状况

## 一、国际科技合作基地建设

国际科技合作基地是开展对外科技合作交流的重要平台和载体，包括国际创新园、国际联合研究中心、国际技术转移中心和示范型国际科技合作基地。

（一）国家级国际科技合作基地

截至 2020 年 12 月，安徽省共有国家级国际科技合作基地 20 家。其中国际创新园 1 家、国际联合研究中心 6 家、国际技术转移中心 3 家和示范型国际科技合作基地 10 家。依托单位为科技企业的有 9 家，为大学科研院所的有 10 家，为园区管委会的有 1 家，涉及领域涵盖材料科学、先进制造、信息科学、生命科学等。合作国家主要有美国、俄罗斯、法国、英国、德国、意大利、西班牙、日本、韩国、新加坡、印度、巴基斯坦、菲律宾、埃及、南非等，绝大多数都是"一带一路"沿线国家。

（二）省级国际科技合作基地

截至 2020 年 12 月，安徽省共有省级国际科技合作基地 69 家。从合作领域看，主要集中于生物医药及健康、现代农业，这两个领域分别有 15 家、14 家企业，占总数的 21.74%、20.29%；高端装备制造排在第三位，有 10 家，占总数的 14.49%；新材料、新能源与节能环保排在第四位，均有 9 家，均占总数的 13.04%；综合性基地、电子信息、建筑工程均有省级国际科技合作基地分布，数量最少的是矿业开发，为 1 家，占比为 1.45%。从合作单位分布看，2013～2017 年，安徽省省级国际科技合作基地外方合作单位共计 232 家，合作单位分布于五大洲，主要是"一带一路"沿线国家。其中亚洲有 81 家，占总数的 34.91%，居五大洲第一位；欧洲有 76 家，占总数的 32.76%；美洲 54 家，占总数的 23.28%，位列第三，这三大洲的占比之和高达 90.95%，大洋洲占 6.03%，非洲仅占 3.02%。从外方合作单位类别来看，高校最多，达 101 家；其次为企业，达 91 家；科研院所数量第三，为 29 家。

**二、国际科技合作项目**

（一）国际科技合作的内涵

国际科技合作是指不同国家（地区）政府、国际经济组织、企业为了共同利益，在生产领域和流通领域所进行的以科技生产要素的国际移动和重新合理组织配置为主要内容的经济协作行动。

（二）省级国际科技合作项目总体情况

2013~2020 年，安徽省科技厅共支持了 158 个单位的 279 个安徽省重点研究与开发计划对外科技合作专项。承担单位共 280 个，主要有企业、高校和科研院所三种类型，其中企业数量最多，有 113 个，占到总数的 40.50%；高校其次，有 99 个，占 35.48%；科研院所第三，有 47 个，占 16.85%。省级国际合作项目的合作领域涵盖了农业、能源、信息通信、环境、先进制造、新材料、医药健康等，其中在生物医药及健康以及现代农业两大领域表现最为突出，两个领域加总之后占比约为 45%，占到了将近于总数的 1/2。相比之下，安徽省国际科技合作项目数量在新能源与节能环保这一领域相对较少，仅有 27 个，占到总数的 10%。省级国际科技合作项目分属领域在一定程度上反映了安徽省产业结构的优势和不足。

安徽省国际科技合作项目合作单位遍布五大洲，这些合作单位涵盖产业界、学术界、科技研发界，以高校、企业、科研院所为主，但主要以高校为主，合作单位中高校数量远远高于企业和科研院所，科研院所最少。2013~2020 年安徽省国际合作项目倾向于与东亚、北美、西欧的国家和地区进行合作，与中东欧、拉丁美洲、非洲等地区的国家合作则比较薄弱，其原因可能是东亚、北美、西欧的国家和地区科技实力强，与安徽省有着传统科技合作关系。

**三、国际科技合作人文交流**

（一）安徽省国际杰青计划总体情况

2014~2019 年，共有 32 名青年学者通过参加国际杰青计划来安徽工作，分别担任研究员、副教授等职务，在安徽省农业科学院植物保护与农产品质量安全研究所、安徽微威胶件集团有限公司、安徽荃银欣隆种业有限公司、安徽农业大学、安徽省农业科学院、安徽工业大学等研究所、企业以及大学开展工作。

（二）发展中国家技术培训班

2016 年至今，安徽省共举办了六届发展中国家技术培训班，分别为：蔬菜优良新品种新技术示范与推广国际培训班、交通信息管理系统应用与推广国际培训班、蔬菜优良新品种新技术示范与推广国际培训班、交通信息管理系统应用与推广国际培训班、针对拉美国家瓜菜新优品种选育及配套技术应用与示范国际培训班、针对拉美国家智慧农业应用与示范国际培训班，前三个培训班的地点均位于安徽省合肥市，第四个培训班的培训地点位于安徽省合肥市和宁夏回族自治区银川市，最后两个培训班的培训地点均位于哥斯达黎加。培训人数为 20 人左右，培训天数为 20 天左右。

# 第五节　安徽省"一带一路"国际科技合作的特征

## 一、"以我为主"开展对外科技合作

安徽省坚持"以我为主"，开展"一带一路"对外科技合作。主要采取水平合作、垂直合作、混合型合作三种合作模式。安徽省开展"一带一路"对外科技合作，在与发达国家开展合作时，突破垂直合作导致的路径依赖困境，以合作成果为基础，努力实现技术自主创新。以中国科学院合肥物质科学研究院承担的 ITER PF6 线圈研制项目为例，从 2013 年初赢得订单到 2019 年 9 月 ITER PF6 线圈正式交付，六年的研制过程中，团队完成了从"学习""消化"到"掌握"，并实现部分技术自主创新的跨越。项目实施赢得的国际口碑与建立的国际影响力，又推动中欧双方供应商层面的更多互动和协作，促进了其他国产技术或装备的输出。开展"以我为主"的国际合作，为进一步拓展"一带一路"国际科技合作的深度和广度打下了坚实基础。

## 二、结合产业优势开展对外科技合作

安徽省开展"一带一路"国际科技合作的有效方式，是发挥自身产业优势开展对外科技合作，在合作中获得主动权。农业是安徽省的优势产业。安徽省省级国际科技合作基地在学科领域分布上，排在第二位的便是现代农业，共14家，仅比排在第一位的生物医药及健康领域少一家，占总数的20.29%。安徽省2013～2020年267个国际科技合作项目有57个分布于现代农业领域。国际杰青计划来皖青年学者所属的学科领域也主要是现代农业。安徽省提出要引导鼓励农业科技园区主动对接"一带一路"沿线国家，探索多元化合作模式，共建农业示范科技园区。

除农业外，安徽省在人工智能、新能源、新材料、生物技术、信息技术等领域集聚了一大批科研机构和高新技术企业。安徽省69家省级国际科技合作基地在领域分布上，排在第一位的是生物医药及健康，共15家，占总数的21.74%；第二位的是现代农业，共14家，占总数的20.29%；高端装备制造排在第三位，有10家，占总数的14.49%。以上均体现出安徽省"一带一路"国际科技合作紧密结合优势产业。鼓励科技型企业与沿线国家开展互利合作，有利于促进新业态和新技术产生，有利于安徽省科技型企业和科研机构提质升级，促进产业向价值链中高端攀升。

## 三、重视知识产权保护和利用

安徽省不断加强"一带一路"国际科技合作知识产权管理、保护和利用，建立完善的知识产权保护教育体系，实现知识产权辅导常态化。以COC芯片高通量基因合成技术项目为例，在项目实施期间，通用生物系统（安徽）有限公司开展知识产权辅导8次。

知识产权交流力度明显，利于企业吸收先进技术成果，促进国外先进技术向安徽省迁移。以昌辉汽车电器（黄山）股份公司为例，该公司以美国WELLS公司提供的技术参数为基础，和外方公司共同开发产品，共同研制产品测试台，测试台全部零件为国外采购，最终昌辉汽车电器（黄山）股份公司掌握了国际先进的发动机排放控制技术。

知识产权利用力度加速。安徽省正在积极谋划建立安徽—拉美国际技术转移中心、安徽—中东欧国际技术转移中心等国际技术转移中心，探索构建安徽省国际知识产权交易平台，打造与合肥综合性国家科学中心地位相匹配的技术转移和交易中心。

### 四、合作国家集中度高

安徽省与东亚、西欧、北美等发达国家和地区科技合作最为密切，与其他地区的合作力度则较为薄弱。总体来看，安徽省与东盟十国、西亚十八国、南亚八国、中亚五国、非洲科技合作空间还很大。中东欧国家高等教育资源丰富，在一些领域研发优势较大，是潜在的优质合作对象。

# 第六节　典型案例：中国科学院
# 合肥物质科学研究院

### 一、国际科技合作总体情况

中国科学院合肥物质科学研究院（以下简称合肥物质科学研究院）既是中国科学院所属的综合性科研机构，也是合肥综合性国家科学中心的核心建设单位之一。合肥物质科学研究院现拥有全超导托卡马克核聚变实验装置以及稳态强磁场两个大科学装置，提供了国内独特而世界领先的科学实验平台，吸引众多国际一流科研机构以及高水平科研人员以联合实验、合作研发、访问交流、联合培养等形式开展广泛而深刻的国际合作。

合肥物质科学研究院历经多年耕耘，摸索出一系列创新型的国际合作模式，建立并不断拓展了国际合作平台与渠道，发展了几乎遍布所有发达国家的国际合作伙伴。合肥物质科学研究院通过积极加入国际大科学计划 ITER，与世界主要聚变研究机构建立了长期合作关系，同时通力合作、齐心协力高质量完成 ITER 计划采购包任务，赢得了"国际口碑"，提升了国际影响力；依托 EAST 大科学装置作为科研平台，打造相关领域国际合作与交流基地，建立多方合作平台、联合实验室以推动科学合作研究和建立"以我为主"的国际合作网络；以大科学装置设计建设为契机，采取灵活、多方位的国际合作交流引智模式，创建国际智库咨询委员会、国际交流品牌论坛，发挥国际智库作用助力攻克关键技术；通过引进国际顶尖科学技术高端专家，解决平台搭建、人才培养等难题，短时间内搭建起居于国际前列的科研平台，培养青年科研骨干团队，高效迅速提高相关领域科研实力。基于大科学装置集群作用，合肥物质科学研究院在国际合作交流上历年来都表现得活跃，年均出访量 600 余人次，来访 550 余人次，举办各类各级国际会议 15 场左右。

**二、合作项目 1：参与欧盟 ITER PF6 线圈制造**

合肥物质科学研究院是中国聚变研究两大基地之一，承担中国 70% 以上的采购包研制任务，包括超导纵场导体（TF）、超导极向场导体（PF）、校正场线圈（CC）等 7 大采购包。2013 年初，合肥物质科学研究院以令人信服的技术、品质和效率，击败日、俄两大竞争对手，以比日本还高 100 万元人民币的价格，一举赢得欧洲聚变能机构（Fusion for Energy，F4E）的 ITER 极向场 6 号超导线圈（PF6）制造任务竞标。

（一）关于 ITER 项目

由欧洲、美国、日本、韩国、俄罗斯、中国、印度七个国家和区域参加的"国际热核聚变实验堆（ITER）"计划是目前我国以平等、全权伙伴身份参加的规模最大的国际科技合作计划。参加 ITER 计划是中央高瞻远瞩，为我国未来能源可持续发展做出的重大战略部署，通过参加 ITER 装置的建造和运行，我国全面掌握了磁约束核聚变研究和技术成果，锻炼、培养了一支高水平聚变科研和工程技术人才队伍；带动我国其他相关领域的技术发展；推进我国核聚变能源的研究发展。

（二）超导线圈 PF6 的概念和重要性

ITER 极向场 6 号超导线圈，又称"PF6 线圈"，位于 ITER 装置底部，是首个安装到 ITER 装置内的磁体部件，是构建等离子体"磁笼"最重要的线圈之一，它对"点亮"并维持等离子体的稳态"燃烧"起着重要作用。PF6 是 ITER 线圈家族中最重的线圈，总重 400 吨，超过两架波音 747 飞机的重量。

超导线可谓 ITER 的"生命线"，因为地球上再耐热的材料也会被核心区 1 亿摄氏度的聚变反应烧化。ITER 每秒可以通过 6 万安培的电流，产生 10 万高斯的磁场的超导线形成一个强大的"电磁笼"，把等离子体悬浮起来，让反应和装置内壁保持一定的距离，所以它的工艺非常苛刻。ITER 七方中仅中国和日本实现大型超导体 100% 国产化，中国是所有实验样品一次性通过国际验证的唯一一方，ITER 首个原型件已按时交付。

基于合肥物质科学研究院等离子体物理研究所（ASIPP）在 ITER 超导体研制中的高精技术、优良品质、严密的质保体系以及精准的工程进度管控，中国在 ITER 项目中树立了负责任大国的良好声誉和形象，成为 ITER 项目"引领方"。由于超导线圈制造工艺复杂，技术难度大，加上 PF6 是 ITER 磁体总装第一个要安装的线圈，加工时间紧迫，F4E 在欧盟内几次招标失败后，开始全球招标。在中国国际核聚变能源计划执行中心罗德隆主任的建议下，F4E 联系了合肥物质科学研究院等离子体所以寻求合作。2013 年初，等离子体所以令人信服的技术、品质和效率，击败日、俄两大竞争对手，以比日本还高 100 万元人民币的价格，一举赢得这个"大单"。2013 年 10 月，在中国国际核聚变能源计划执行中心等机构的大力支持下，合肥物质科学研究院等离子体所与 F4E 在合肥签署极向场超导线圈（PF6）项目合作协议。

（三）超导线圈 PF6 研制经过

ITER PF6 超导线圈体量庞大且无现成经验可循，在科学技术层面存在着很多技术难点和不确定性，给研制工作带来了挑战。项目初始，合肥物质科学研究院等离子体所集中并整合研究领域优势资源，迅速组建了一支以中青年科学家为骨干的人才团队。ASIPP 技术人员发挥了"特别能吃苦、特别能战斗"的 EAST 大科学团队精神，用了不到 7 个月时间完成 PF6 "房中房"恒温、恒湿、洁净车间的改造。

绕制,超导线圈制造的第一环,也是极为重要的一环。看似外形简单的线圈,制造安装过程却极其复杂,在数百个工艺步骤中,任何一项不可逆的风险发生,都可能造成价值数亿元人民币的线圈的失败。为了满足 ITER 装置对于磁场位形的严苛要求,PF6 线圈绕制完成后的轮廓精度必须严格控制在 ±1.5mm 以内,对于这样一个外径超过 10 米且需要采用双线并绕的线圈,挑战是前所未有的。工程师不惧挑战,密集攻关,日夜坚守,在不到 1 年的时间内,成功拿下了这块"技术高地",突破了超导线圈高精度双线并绕的核心技术,实现了大型超导线圈绕制装备的 100% 国产化。

超导接头,好比是线圈体内的"关节",部件虽小,但至关重要。2016 年 12 月,PF6 线圈的全尺寸接头验证件各项测试结果完全满足要求,其电阻小于 5 纳欧,交流损耗不大于 130 焦耳,是 ITER 极向场线圈项目中第一个达到此要求的超导接头。F4E 的项目监理 Carlo 给出高度评价,称这是他见过的"最好的样件,无论是制造精度,还是外观质量"。这个结果大大提振了工程技术团队信心,团队为 ITER 极向场线圈超导接头的最终设计贡献了中国智慧和中国方案。

2019 年 6 月,截面跨度达 1.6 米、高约 1.2 米,导体总匝数达 468 匝的线圈绕组正在被缓缓吊起,这标志着 PF6 线圈成功完成"零缺陷"品质的绝缘真空压力浸渍,这样的绝缘体能够耐受零下 269 度超低温的冲击,以及 10kGy(10 千格瑞)Gamma(伽马)的强辐射,同时具备接近高强度不锈钢的拉伸性能。高性能绝缘的研发成功为万安级线圈的安全运行提供了一件坚不可摧的护甲,也是国内在超大截面线圈绝缘处理技术上的新突破。

(四)合作启示

1. 创新国际科技合作新模式

整个项目实施过程,从科学原创成果的催生、工程技术难点的攻破、专业科学技术人才培养与团队的建立到国际伙伴关系与国际影响力的拓展等都为国际合作工作提供了可借鉴的模式。

项目组不仅成功进行了 PF6 线圈的加工制造,还掌握了 PF6 线圈的各项复杂工艺,各项指标远超交付标准,处于国际领先水平。同时,产生了一大批重大原创性的研究成果，极大地推动了国际核聚变技术的发展。在长达六年的研制过程中，团队齐心协力，利用掌握的先进科学技术，聚焦国际前沿研究方向，积极开展国际合作，对各个技术难点进行逐一攻破。

在 ITER PF6 项目实施过程中，中欧合作双方在技术和管理方面实现了高度融合与通力合作，在实践共事中建立起了扎实的、经得住考验的国际伙伴关系。

2. 深度参与国际大科学计划，不断拓展深化国际合作

合肥物质科学研究院在聚变领域的国际合作多年来一直坚持顶层设计、全面规划、深层耕耘。积极深度参与国际大科学计划，消化、吸收、积累经验，培养人才、建立专业过硬的科研工程队伍，从而不断夯实自身科研实力；又以不断提升的科研实力、过硬的国际口碑与影响力不断拓展深化国际合作，建立"以我为主"的国际合作网络。

近年来，合肥物质科学研究院等离子体所承担欧美大科学装置多项关键系统和部件的设计研制和安装，为俄罗斯 NICA 大科学装置提供高温超导电流引线，为德国 ASDEX – U 装置提供离子回旋天线，为法国 WEST 装置提供偏滤器，为美国聚变国家实验室提供大型超导馈线系统。2019 年，合肥物质科学研究院等离子体所的中方团队成功获得 ITER TAC – 1 安装标段工程。

### 三、合作项目 2：中俄先进核能开发与应用研究合作

（一）项目合作的背景

聚变材料和部件在未来聚变堆内高能高通量中子辐照、离子辐照、强磁场和高热负载等极端多物理耦合环境下的服役可靠性，是聚变能工程化应用中面临的关键技术难题。目前缺乏相关的材料/部件性能测试平台，因此迫切需要发展高通量、大体积、具有多物理耦合环境的稳态聚变体中子源，服务于材料/部件的性能测试与研发，解决聚变能发展面临的关键问题。

气动磁镜（Gas Dynamic Trap，GDT）是一种轴对称、磁镜比高、等离子体散射损失少的磁镜装置，是目前国际公认的聚变体中子源重要候选方案。相比传统方案，其具有结构简单紧凑、等离子体易实现稳态运行、聚变氚消耗量低、建造运行成本低等优点。

俄罗斯科学院布德科尔核物理研究所（BINP）是气动磁镜装置的首创单位，具有世界领先的气动磁镜物理及实验研究实力，建成了国际最大的气动磁镜等离子体实验装置，目标是推动气动磁镜聚变体中子源、先进聚变–裂变混合系统研究。目前，BINP 已在气动磁镜实验研究上取得重大突破，在等离子体比压、电子温度等方面取得了里程碑式的进展，验证了 GDT 聚变中子源的物理可行性。

合肥物质科学研究院核安全所是国内从事气动磁镜研究的主要科研单位，重点开展气动磁镜聚变中子源设计及应用研究，目标是利用易于实现的气动磁镜聚变中子源产生高流强、高通量的聚变中子和提供聚变堆物理耦合环境，开展聚变材料/部件综合测试、核安全及核技术交叉应用研究等。

中俄双方基于共同的研究目标与研究兴趣，在该领域开展了紧密的国际科技合作交流。

（二）研究合作的过程

2012～2016 年，双方共同参与国际原子能机构（IAEA）"稳态紧凑型聚变中子源概念发展"国际协调研究项目（CRP），提出了基于气动磁镜的聚变中子源方案并完成了初步的物理设计，成为 IAEA – CR 项目的主要中子源方案。

2017 年 9 月，双方签署了促进气动磁镜聚变中子源发展的合作谅解备忘录，达成了关于科学研究、技术合作、人才交流等方面的一系列战略合作意向，成立了中俄联合工作组，获得了中科院特别交流计划项目支持，合作成果发表在聚变领域顶级期刊 Nuclear Fusion 上，并受邀在国际聚变工程大会、聚变核技术大会上做学术报告。

2018 年 11 月 21 日，双方签署合作框架协议，联合开展国际高通量聚变体中子源 ALIANCE 的设计、关键技术预研与设备研制工作。

2018 年 11 月 21 日，双方以前期合作为基础，联合美国威斯康星大学麦迪逊分校（UW – Madison）、乌克兰国家科学中心哈尔科夫物理技术研究院（KIPT）、瑞典乌普萨拉大学（Uppsala University）、日本筑波大学（Tsukuba University）等知名国际科研机构，成立了 ALIANCE 筹备委员会，举办了第一届 ALIANCE 筹备委员会会议，确定了合作机制和合作模式。其中，中方任筹备委员会主席单位，俄方任筹备委员会副主席单位，各国（中、俄、美、乌、瑞典、日等）再选取协调单位协调国内力量参与合作。ALIANCE 项目于 2020 年获得中科院大科学计划培育项目支持。

2018 年 12 月 11～13 日，双方共同委派代表参加了在杭州举办的第一届金砖国家新能源与可再生能源工作组会议，报告了双方联合提出的 ALIANCE 合作倡议，吸引与会人员广泛关注，金砖国家俄方协调人 Sergey Guzhov 高度评价了双方合作水平和 ALIANCE 计划，来自印度和南非的专家也提出了加入此计划的意愿。

2018～2020 年，在中科院及安徽省相关计划项目的支持下，合肥物质科学研究院核安全所引进 5 名俄罗斯 BINP 专家来所工作，积极推动 GDT 中子源合作研究。双方提出了多种创新思想，完成了稳态 GDT 聚变中子源方案设计并给出切实可行的发展策略。

（三）研究合作的未来展望

未来，双方拟基于前期合作基础，积极开展全方位、多层次、广视角的国际合作，提高自主创新能力，做实"引进来"和"走出去"的国际合作模式。在中俄科技创新年的背景下，加强两国科技及产业界的合作，提升合作层次，积极开展学术研讨、联合实验室建设、科技创新人才交流与培养等国际科技合作工作，促进中俄科技创新合作向更高层次、更宽领域和更实成效不断发展。

**四、合作项目 3：糖尿病无创检测仪**

糖尿病无创检测仪是合肥物质科学研究院自主研发的糖尿病风险筛查设备。2016 年，在该设备各项指标达到较高水平且在国内取得一定应用成效后，结合东南亚糖尿病高发的实际情况，这套自主研发的设备开始尝试走出国门。从与推广目标区域的单国单机构进行沟通开始，团队采取频繁沟通、深入调研、积极参加各类相关学术会议和展会、不断根据目标区域升级改善设备等措施，使自主研发的设备顺利取得资质走出国门，后不断升级改善设备以适应"落地"区域实际情况，从而扩大了"落地"区域推广覆盖面，为技术走出国门、"落地"境外提供了一种"走出去"的合作模式。

（一）合作背景

东南亚地区糖尿病发病率较高，其中泰国成人的糖尿病患病率为 8.3%，且糖尿病前期人群数量更多。目前，临床上较快捷、简便的糖尿病筛查方法主要是空腹取血后测量血糖值，不仅有创，而且漏诊率较高。近十年以来，合肥物质科学研究院一直在开展"AGE 光学检测技术及其临床应用研究"，其研究成果——糖尿病无创检测仪具有操作简便、无创、快速等显著优点，是目前唯一经国家药监局批准的糖尿病无创检测设备，产品各项技术指标处于较高水平。

（二）合作过程

2016 年，项目团队确定了将设备推广至泰国的合作方向，并拟定将泰国拉玛医院 Arkom 团队作为前期合作团队。通过频繁的线上远程沟通与实际的人员两地互访，双方就糖尿病无创检测新技术在泰国的应用研究达成了多项共识。

2017 年，团队在与合作伙伴建立信任并达成共识的基础上，开始了主要围绕"CE 认证办理、泰国销售许可所需条件调研、准备宣传资料"等工作为进入国外市场作资质准备。2017 年 10 月，"糖尿病无创检测仪"产品通过第三方认证，获得 CE 证书。同年 12 月，在中国科学院曼谷创新合作中心揭幕仪式期间，糖尿病无创检测仪作为首批中国科学院科技创新成果转移转化推介项目之一亮相，随后中国团队与合作伙伴正式签署了战略性合作协议。

2018 年，为进一步适应目标推广区域，项目团队主要围绕"组织开展糖基化终产物的应用基础研究，提高新技术在泰国的临床适用性"开展工作，邀请两国糖尿病领域内的专家对项目实施方案进行学术与临床指导。

一系列有针对性的工作展开后，对设备整体做了优化升级，并通过采集非糖尿病和糖尿病患者的 AGE 数据，针对泰国人群皮肤光谱特征设计了多光谱激发光路，升级光谱探测模块，优化光源驱动电路，并顺利开展了临床研究，初步确定了适用于泰国人群的筛查切点，提高了新技术在泰国的临床适用性，为此后拓展泰国合作医院打下了基础。

建立初期的示范点后，项目团队深入目标区域相关机构，开展应用示范工作，以铺开示范推广覆盖面。在前期对泰国部分公立医院和私立医院进行拜访和交流的基础上，近两年，团队陆续建立了泰国朱拉医院（Chulalongkorn University Hospital）、泰国私立 PHAYATHAI 医院（Internatal Phayathai 2 Hospital）、泰国外府考拉府医院（Naresuan University Hospital）、体检中心（DYM Check up Center）等应用示范点，包含了公立医院、私立医院、专业体检中心以及地方医院等泰国各级不同类别的医疗相关机构。

同时，团队注重目标区域与相关行业领域各类学术、展会活动的宣传工作，积极参加学术、国际展会活动。2018 年 9 月第二届"一带一路"国际糖尿病论坛汇聚了来自"一带一路"沿线的多国糖尿病领域的 200 余名专家学者，项目团队协助合作专家参会并在会上展示了糖尿病无创光学检测新技术在泰国的应用情况。2019 年 5 月和 7 月，团队分别参加中国国际医疗器械博览会和泰国国际医疗展展示产品，重点开拓"一带一路"区域的推广合作，现与印度的多家医院达成了正式合作，该技术和产品在成功进入东南亚地区之后，正式进入南亚地区。

### 五、合作项目 4：中法聚变合作

合肥物质科学研究院与法国原子能委员会（CEA）在核聚变研究领域的科技合作始于 20 世纪 80 年代。从双方上一代聚变研究实验装置上的合作，到现在正运行的实验装置的合作，再到共同为 ITER 国际项目助力，并合作研发中国下一代聚变装置。历经三十多年，双方基于大科学装置的聚变合作不断深化、拓展，在联合实验、合作研究以及部件研制方面走出了一条较为典型且颇具特色的国际合作之路。

（一）合作背景

合肥物质科学研究院等离子体物理研究所与法国 CEA 的合作开始于 20 世纪 80 年代，CEA 将 12 万千瓦交流脉冲飞轮发电机组赠送给合肥物质科学研究院，为三代托卡马克的成功运行提供了重要支持。20 世纪 90 年代，双方在微波加热方面进行合作，后进一步拓展到依托法国 Tore – supra 装置和合肥物质科学研究院等离子体物理研究所 HT – 7 装置上的合作，至今已持续三十余年并不断深化。

（二）合作过程

1. 在核聚变研究领域开展多项合作

在初期微波加热领域的良好合作基础上，合肥物质科学研究院等离子体所与 CEA 于 2004 年签订了在核聚变研究领域开展合作的协议，本协议被纳入 CAS－CEA 合作框架，合作内容包括：稳态等离子体与壁相互作用，等离子体波相互作用，先进诊断与模拟，HT－7 与 Tore－supra 高参数长脉冲联合实验，低温系统与超导磁体，ITER 项目联合研究。

2. 建立中法联合实验室

基于中法双方在核聚变研究领域的共同兴趣和先进经验以及前期合作基础，合肥物质科学研究院与法国原子能委员会（CEA）于 2013 年 7 月成立了中法联合实验室，以科技合作、人员互派交流、部件联合研制的合作方式在 WEST 离子回旋天线研制、EAST 遥操作系统、高参数长脉冲等离子体物理联合实验等方面开展了卓有成效的合作并取得丰富成果：

（1）法国 WEST 装置离子回旋加热天线研制任务。WEST 装置是由法国原子能委员会磁约束聚变研究所所属 Tore－Supra 超导托卡马克装置升级成的全钨偏滤器托卡马克装置。EAST 是世界首个全超导托卡马克核聚变实验装置，具有与正在建造的国际热核聚变实验堆 ITER 类似的主动水冷偏滤器结构，也是首个实现稳态高约束模运行持续时间达到百秒量级的托卡马克核聚变实验装置。离子回旋天线加热是 WEST 装置主要的辅助加热方式，法国 WEST 装置离子回旋加热天线研制任务是中法联合实验室项目之一，为 WEST 装置提供了 9MW 的加热功率。2016 年，合肥研究院成功研制包含 2084 个零部件的首套天线竣工交付，法国专家检测表明天线各个关键部件满足先进技术指标和总体性能要求。这也是我国首次向法国出口聚变工程技术和产品，为法国聚变研究实验装置研制关键部件。

（2）EAST 遥操作系统。用于 EAST 装置的遥操作维护系统是双方共同研制的国内首台真正应用于核聚变装置的遥操作维护系统，旨在等离子体放电间隙，在不破坏真空环境的条件下，对第一壁部件进行失效形式的观察及提供快速的维护操作。目前，已实现在等离子体放电间隙对内部部件进行实时监测及在放电间隙对损伤小部件进行快速更换。

3. 建立中法聚变联合研究中心

基于中国聚变界与法国原子能委员会的合作基础，中法双方政府在2017年11月签署成立聚变联合研究中心（Sino - French Fusion Energy Center，SIFFER）框架协议。中国国际核聚变能源计划执行中心、合肥物质科学研究院等离子体物理研究所、核工业西南物理研究院、法国原子能委员会磁约束聚变研究所为联合研究中心的主要单位。主要合作内容包括：为ITER组织及其成员方提供支持、开发和验证磁约束聚变装置关键部件及技术，对共同感兴趣的项目开展联合竞标，聚变科学和实验物理研究，核聚变能安全规范和技术标准，下一代聚变堆装置等。2018年1月，中法聚变联合研究中心在安徽合肥科学岛举行揭牌仪式。

联合中心目前已实施四个合作研究项目：WEST的钨偏滤器研发作为第一个共同研究项目，中法科学家在钨偏滤器设计、生产、安装、运行和维护经验方面开展交流与合作，为未来联合竞争ITER偏滤器采购包奠定队伍和技术基础；IMAS集成模拟项目致力于推广集成建模套件IMAS在EAST和CFETR物理建模和数据分析中的应用；离子回旋加热技术研究项目主要针对未来聚变堆上离子回旋共振加热的特性和对离子加热的需求，研发新型的离子回旋天线；红外诊断项目旨在联合研发红外光学诊断系统和热负荷计算程序，为装置安全运行保驾护航。目前，四个合作研究项目均进展顺利。其中，2020年9月，合肥研究院完成了WEST 456个内部部件的制造并成功交付。

同时，在中心合作框架下，双方定期开展理事会和一系列专题技术研讨会，如中法聚变低温技术专题研讨会，就CFETR及聚变堆主机关键系统综合研究设施项目中的低温技术相关问题展开了深入讨论，并对未来工作方式以及战略合作框架达成初步意向，拟订了下一步的工作计划与日程。

依托中法聚变联合研究中心，借助与CEA的合作为有利桥梁，近年来，合肥物质科学研究院等离子体所与法国高科技企业建立了"以我为主、合作共赢"的战略合作。

2017年初，合肥物质科学研究院与CEA、法国法液空公司三方共同签署了合作备忘录,在大型氦低温技术领域开展全面合作。2018 年底,中法低温联合实验室正式成立。下一步拟在合肥成立合作公司(JV),实现氦制冷机及相关新能源产品的产业化,同时服务于大科学装置,共同参与 ITER 项目。

2019 年,中国核电工程有限公司牵头合肥物质科学研究院等离子体所、中国核工业二三建设有限公司、核工业西南物理研究院,与法国法马通公司组成中法联合体,以工程总承包形式中标 ITER 主机安装一号合同(TAC1),并于 2019 年 9 月正式签订合同,总金额 18 亿元人民币。

# 第四章　安徽省国际科技合作平台建设

安徽省"一带一路"国际科技合作平台的主要形式就是国际科技合作基地，国际科技合作基地是在国际科技合作任务中取得显著成绩、具有进一步发展潜力和引导示范作用的国内科技园区、科研院所、创新型企业和科技中介组织等机构载体，包括国际创新园、国际联合研究中心、国际技术转移中心和示范型国际科技合作基地，是开展对外科技合作交流的重要平台和载体。截至2020年底，安徽省共有国家级国际科技合作基地 20 个、省级国际科技合作基地 69 个，在安徽省开展"一带一路"对外科技合作过程中起到了重要的示范和引领作用。

## 第一节　国家级国际科技合作基地发展及管理概况

### 一、国家级国际科技合作基地内涵及建设意义

国家级国际科技合作基地是指由科学技术部及其职能机构认定，在承担国家国际科技合作任务中取得显著成绩、具有进一步发展潜力和引导示范作用的国内科技园区、科研院所、高等学校、创新型企业和科技中介组织等机构载体。国际科技合作基地分国际创新园、国际联合研究中心、国

际技术转移中心和示范型国际科技合作基地4种类型。科技部十分重视国际科技合作基地建设，《"十三五"国际科技创新合作专项规划》中专门提出，在"十三五"时期要重点支持一批国际科技合作基地，以多种形式开展国际联合研究与产学研合作。国际科技合作基地的启动，将早期以人员交流和技术引进为主的合作模式，逐渐发展成为全方位、广领域、多层次的合作架构。

### 二、国际科技合作基地总体规模

科技部2007年开始启动国际科技合作基地认定工作，据中国科技交流中心统计数据，截至2020年底，中国已建立国家国际科技合作基地722家，其中，国际创新园、国际联合研究中心、国际技术转移中心和示范型国际科技合作基地分别为31家、210家、45家和436家。目前国家级国际科技合作基地已逐渐成为多领域、多层次、多类型的国际科技合作创新平台。

### 三、国际科技合作基地管理模式

科技部于2007年发布了《国际科技合作基地管理办法（试行）》。2011年，科技部对原管理办法进行修改，发布了《国家国际科技合作基地管理办法》。2014年，为进一步加强对国际科技合作基地的管理，规范其评估工作，科技部制定了《国家国际科技合作基地评估办法（试行）》。科技部在国家国际科技合作基地方面的管理工作目前主要是基地认定、年度报告提交、基地评估和调研工作等。国家国际科技合作基地在认定后，每年需提交年度报告作为后期评估的重要参考材料。科技部定期组织专家，对已认定的国家国际科技合作基地进行评估，每3~5年为一个评估周期，主要方式为现场评估，评估结果分优秀、良好、合格和不合格4类。其中，评估结果为"优秀"的国际科技合作基地，将通过组织推荐部门给予通报表彰；评估结果为"不合格"的，将给予警告并通报，2年内进行复评，如复评结果仍为"不合格"，则取消其国际科技合作基地资格。

# 第二节 安徽省国家级国际科技合作基地发展及管理概况

截至 2020 年底，安徽省共有国家级国际科技合作基地 20 家。从类型来看，国际创新园、国际联合研究中心、国际技术转移中心和示范型国际科技合作基地分别为 1 家、6 家、3 家和 10 家，这说明安徽省国家级国际科技合作基地多为示范型国际科技合作基地（占 50%）。安徽省这 4 类国家级国际科技合作基地在国家层面占比分别为 3.4%、3.5%、7.7%、2.5%，但与同为长三角地区的上海市、江苏省和浙江省，以及"一带一路"重要节点的北京市和广东省相比，还有很大差距。作为综合性国家科学中心的北京市和上海市，在国家级国际科技合作基地的发展上具有领跑优势，而安徽省在国家级国际科技合作基地的规模上与其相比有一定的差距。安徽省国家级国际科技合作基地清单如表 4 - 1 所示。

表 4 - 1 安徽省国家级国际科技合作基地

| 序号 | 国合基地名称 | 依托单位名称 |
| --- | --- | --- |
| 1 | 奇瑞汽车及零部件国际科技合作基地 | 奇瑞汽车股份有限公司 |
| 2 | 电磁波空间应用国际联合研究中心 | 华东电子工程研究所 |
| 3 | 中国科学技术大学国际技术转移中心 | 中国科学技术大学先进技术研究院 |
| 4 | 太赫兹器件研究与应用国际联合研究中心 | 安徽华东光电技术研究所 |
| 5 | 压力容器与管道安全国际联合研究中心 | 合肥通用机械研究院 |
| 6 | 安徽农业大学农林科学与生物资源开发国际科技合作基地 | 安徽农业大学 |
| 7 | 科学岛物质科学国际科技合作基地 | 合肥物质科学研究院 |
| 8 | 生物技术应用研究国际科技合作基地 | 合肥天麦生物科技发展有限公司 |

续表

| 序号 | 国合基地名称 | 依托单位名称 |
| --- | --- | --- |
| 9 | 特殊服役环境的智能装备制造国际科技合作基地 | 安徽工业大学 |
| 10 | 智能交通国际联合研究中心 | 安徽科力信息产业有限责任公司 |
| 11 | 节能环保大功率发动机国际科技合作基地 | 安徽华菱汽车有限公司 |
| 12 | 水稻分子育种国际科技合作基地 | 安徽省农业科学院水稻研究所 |
| 13 | 水稻分子育种联合研究中心 | 安徽省农业科学院 |
| 14 | 安徽国际技术转移中心 | 安徽省应用技术研究院 |
| 15 | 大尺度火灾国际联合研究中心 | 中国科学技术大学 |
| 16 | 合肥国家中德智能制造国际创新园 | 合肥高新技术产业开发区管理委员会 |
| 17 | 蚌埠国际技术转移中心 | 安徽祥源安全环境科学技术有限公司 |
| 18 | 先进能源与环境材料国际科技合作基地 | 合肥工业大学 |
| 19 | 国家"智慧养老"国际科技合作基地 | 合肥工业大学 |
| 20 | 蚌埠玻璃工业设计研究院国际科技合作基地 | 中建材蚌埠玻璃工业设计研究院有限公司 |

从依托单位性质来看，科技企业与大学科研院所基本各占一半，依托单位为科技企业的有9家，为大学科研院所的有10家，其他1家（园区管委会）。从涉及领域来看，涉及材料科学3家、农业3家、生命科学1家、先进制造4家、信息技术4家、其他（现代服务、公共安全、技术转移等）5家，可以看出安徽省国家级国际科技合作基地对于行业特别是战略性新兴产业的覆盖范围还有待扩大。

从合作国别来看，主要合作国家有美国、加拿大、英国、德国、法国、意大利、比利时、西班牙、瑞士、芬兰、荷兰、捷克、奥地利、葡萄牙、俄罗斯、乌克兰、以色列、日本、韩国、新加坡、印度、巴基斯坦、菲律宾、埃及、南非、博茨瓦纳，基本上都是"一带一路"沿线国家。安徽省国家级国际科技合作基地在与"一带一路"沿线国家开展科技创新合作中积累了先进实用技术和科技人才，为沿线国家提供具有借鉴意义的发展经验，这也符合《推进"一带一路"建设科技创新合作专项规划》中提到的战略目标——建设一批联合实验室（联合研究中心）、技术转移中心、技术示范推广基地和科技园区等国际科技创新合作平台。

# 第三节  安徽省省级国际科技合作
# 基地发展及管理概况

**一、安徽省省级国际科技合作基地总体概况**

（一）总体状况

截至 2020 年 12 月，安徽省共有省级国际科技合作基地 69 家，合作领域主要集中于生物医药及健康、现代农业、高端装备制造、新材料、新能源与节能环保、电子信息等。

如图 4－1 所示，安徽省 69 家省级国际科技合作基地在学科领域分布上，排在第一位的是生物医药及健康，共 15 家，占总数的 21.74%；第二位的是现

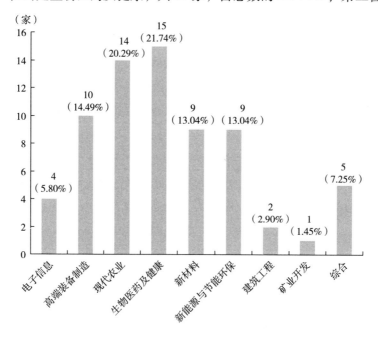

图 4－1  安徽省省级国际科技合作基地领域情况

代农业，共14家，占总数的20.29%；高端装备制造排在第三位，有10家，占总数的14.49%；新材料和新能源与节能环保排在第四位，均有9家，均占总数的13.04%，综合性基地、电子信息、建筑工程均有省级国际科技合作基地分布；最少的是矿业开发，共有1家，占总数的1.45%，没有涉及其他学科领域的基地。这表明，安徽省级国际科技合作基地较多集中在生物医药及健康、现代农业科技、高端装备制造领域，在综合性基地和电子信息等领域略有欠缺。

根据对安徽省省级国际科技合作基地外方合作单位所在国别的统计，2013年以来，安徽省69家省级国际科技合作基地积极与欧洲、亚洲、美洲、非洲、大洋洲等地区开展对外科技交流合作，总体状况如表4-2所示。

表4-2 安徽省省级国际科技合作基地开展对外合作地区情况

| 大洲 | 外方合作单位数量（家） | 全球占比（%） | 洲内地区划分 | 数量（家） | 频数（本大洲内）（%） | 全球占比（%） | 地缘政治划分 | 数量（家） |
|---|---|---|---|---|---|---|---|---|
| 欧洲 | 119 | 37.42 | 西欧 | 59 | 49.58 | 18.55 | | |
| | | | 南欧 | 10 | 8.40 | 3.14 | | |
| | | | 北欧 | 9 | 7.56 | 2.83 | | |
| | | | 中欧 | 22 | 18.49 | 6.92 | | |
| | | | 东欧 | 19 | 15.97 | 5.97 | 独联体 | 4 |
| | | | | | | | 其他 | 15 |
| 亚洲 | 100 | 31.45 | 东亚 | 51 | 51.00 | 16.04 | | |
| | | | 东南亚 | 35 | 35.00 | 11.01 | | |
| | | | 南亚 | 2 | 2.00 | 0.63 | | |
| | | | 西亚 | 12 | 12.00 | 3.77 | 中东地区 | 12 |
| 美洲 | 70 | 22.01 | 北美 | 65 | 92.86 | 20.44 | | |
| | | | 南美 | 5 | 7.14 | 1.57 | 拉美地区 | 4 |
| 非洲 | 10 | 3.14 | 南部非洲 | 4 | 40.00 | 1.26 | | |
| | | | 东北非 | 3 | 30.00 | 0.94 | | |
| | | | 西非 | 3 | 30.00 | 0.94 | | |
| 大洋洲 | 19 | 5.98 | | | | | | |
| 总计 | 318 | | | | | | | |

从数据来看，省级国际科技合作基地的对外合作交流在五大洲均有开展，但合作强度有明显差异。据统计，省级国际科技合作基地外方合作单位共计318家，其中欧洲有119家，占总数的37.42%，位列五大洲第一；亚洲仅次于欧洲，有100家，占总数的31.45%；美洲有70家，占总数的22.01%，位列第三，这三大洲的占比之和高达90.88%。大洋洲占5.97%，非洲仅占3.14%（见图4-2）。

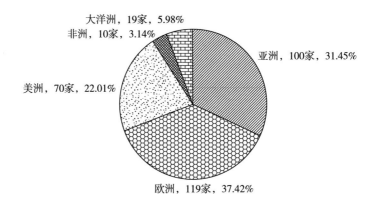

**图4-2 安徽省省级国际科技合作基地外方合作单位所在地区分布**

（二）各大洲内合作单位地区分布情况

欧洲大陆内部，西欧国家的科技主体是省级国际科技合作基地的首选合作对象，占欧洲全部合作单位的49.58%；其次是中欧国家，占18.49%；合作单位最少的是北欧地区，占7.56%。欧洲大洲内合作单位地区分布如图4-3所示。

西欧地区在地理分布上具有国家面积较小、分布数量较多的特点，在发展程度上具有经济发达、科技实力雄厚的特点，是省级国际科技合作单位在欧洲开展合作的优质对象。与西欧国家相比，欧洲其他地区科技创新能力稍显逊色，这可能影响了其开展与安徽省科技合作的力量。特别指出的是，东欧国家与安徽省展开科技合作的单位数量在欧洲范围内增长幅度最快，表明安徽省与东欧国家进行科技合作具有广阔的前景和深厚的潜力。

亚洲大陆内部，东亚国家的科技主体是省级国际科技合作基地的首选合作对象，占亚洲全部合作单位的51%；东南亚国家占35%，排在第二位；第三位是西亚地区，占12%，如图4－4所示。

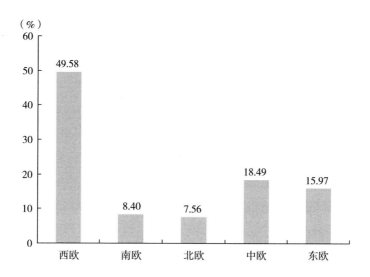

图4－3　欧洲大洲内合作单位地区分布

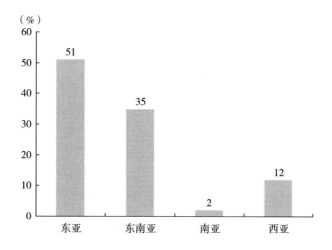

图4－4　亚洲大洲内合作单位地区分布

亚洲大陆仅有四个发达国家，其中日本、韩国位于东亚，新加坡位于东南亚，以色列位于西亚，省级国际科技合作基地在亚洲开展对外科技合作时，以科技实力为主导形成了四个发达国家以点带面的合作形态。因此，东亚、东南亚和西亚的合作对象多于南亚。此外，东亚地区在文化上与中华文明一脉相承，地理位置接近，合作的时间成本和距离成本大大缩小；东南亚地区人口红利巨大，市场规模也足够大，经济发展还处在较为初期的阶段，是科技创新投入更容易获得回报的地区。

安徽省省级国际科技合作基地在美洲大陆的合作对象单位分布极不平衡，北美洲占92.86%，南美洲仅占7.14%，大多为拉美国家。也就是说，北美大陆美国和加拿大两个国家，占有省级国际科技合作基地美洲合作单位的90%以上，具体如图4－5所示。

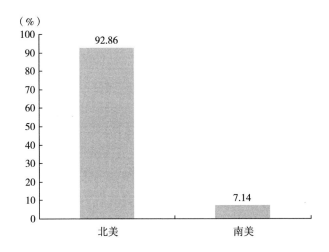

**图4－5 美洲大洲内合作单位地区分布（2013～2020年）**

从全球地区来看，北美和西欧在数据表现上较为突出，北美的合作单位占20.44%，位列第一；西欧以18.55%的占比紧随其后。东亚和东南亚分别以16.04%和11.01%占据第三、第四位，如图4－6所示。

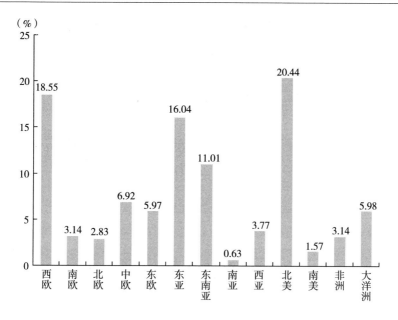

图4-6 全球范围地区细分下的合作单位地区分布

## 二、安徽省省级国际科技合作基地管理情况

2012年，为加强省级国际科技合作基地建设，参照科技部《国家国际科技合作基地管理办法》，安徽省科技厅制定了《关于加强安徽省国际科技合作基地建设若干意见》，经过几年的建设发展，省级国际科技合作基地也逐渐成为集聚国外科技资源、吸引海外科技人才、共享科技成果的重要平台。国际科技合作基地的主要任务是探索"项目—人才—基地"一体化的国际科技合作模式，提高企业引进、消化、吸收、再创新能力，自主创新能力，国际竞争力，培养重点行业、重要领域所需的高层次人才，提升国际科技交流合作成效。

在分类方面，考虑到安徽省实际情况，将省级国际科技合作基地分为国际联合研究中心、国际技术转移中心和示范型国际科技合作基地3种类型。安徽省科技厅每两年组织对国际科技合作基地进行绩效考评，考评结果分为优秀、良好、合格、不合格。2015年，安徽省科技厅制定了《安徽省国际科技合作基地绩效评价办法（试行）》，对加强省级国际科技合作基地管理、建立持续跟踪评价机制、开展绩效评价等方面做了详细说明。

在政策支持方面，安徽省科技厅对省级国际科技合作基地开展国际科技合作需求调研、国际技术培训、高端人才及研发机构引进、国际技术转移、国际合作研发等工作给予重点支持；优先推荐优秀省级国际科技合作基地申报科技部国际科技合作专项、申请国家国际科技合作基地认定，其申报的各类省级科技计划在同等条件下优先给予支持；优先推荐省级国际科技合作基地引进的海外高层次人才、创新团队申报省内相关人才计划，符合条件的享受省内有关优惠政策。

安徽省科技厅对绩效评价优秀的省级国际科技合作基地择优予以支持。在财政经费支持方面，安徽省科技厅已于2019年3月启动安徽省中央引导地方科技发展专项资金项目征集工作，拟采取后补助的方式，择优支持国家级和省级国际科技合作基地，支持强度为国家级每家50万～100万元、省级每家30万～50万元。在项目支持方面，安徽省科技厅指出在启动省重点研究与开发计划对外科技合作专项申报工作中，国家级国际科技合作基地和优秀省级国际科技合作基地可申报1项，不占所属市（单位）限额。而对绩效评价不合格的省级国际科技合作基地，将予以通报批评或取消其资格。

### 三、安徽省省级国际科技合作基地运行情况

截至2020年12月，安徽省共有省级国际科技合作基地69家，主要分布在合肥、芜湖、滁州、黄山、淮南等12个市，尤以合肥市最为集中（38家，占总数的55%）。

从类型来看，5家是科技部认定的国家级国际科技合作基地，占总数的7.25%；国际联合研究中心、国际技术转移中心和示范型国际科技合作基地分别为36家、4家和29家（见图4-7）。这表明安徽省省级国际科技合作基地多为国际联合研究中心和示范型科技合作基地（分别占比52.17%和42.03%）。从依托单位性质来看，依托单位为科技企业的有34家，为大学、科研院所的有35家，表明安徽省企业承担国际科技合作基地任务的主体作用越来越重要。

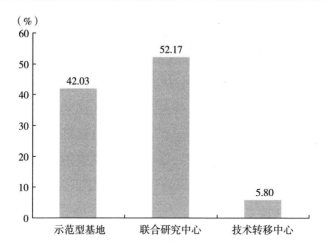

**图4-7 安徽省级国际科技合作基地类型分布**

从涉及领域来看，涉及生物医药及健康15家、现代农业13家、高端装备制造10家、新材料、新能源与节能环保均有9家、技术转移中心4家，对比安徽省人民政府2016年发布的《安徽省战略性新兴产业"十三五"发展规划》中提到的，在未来5年，安徽省将立足市场前景、技术储备和产业基础，加快发展壮大新一代信息技术、高端装备和新材料、生物和大健康、绿色低碳、信息经济五大产业，目前在这五大产业的22个专栏中，省级国际科技合作基地已覆盖机器人、通用航空、智能制造、现代农机装备、轨道交通装备、新材料、生物医药、现代中药、智慧健康、生物农业、生物制造、新能源汽车、新能源、节能环保、数字创意等战略性新兴产业，而集成电路、新型显示、智能语音、软件和信息服务、高端医疗器械、电子商务、云计算和大数据这些战略性新兴产业尚未在省级国际科技合作基地中有所体现，加快建设这些产业的国际科技合作基地，不仅有利于借助国外优势资源促进产业技术创新发展，而且有利于对这些产业进一步实施"走出去"发展战略，在国外发挥产业优势。

从合作国别来看，主要合作国家有美国、加拿大、哥斯达黎加、英国、德国、法国、意大利、比利时、西班牙、葡萄牙、瑞典、瑞士、芬兰、荷兰、捷克、奥地利、波兰、俄罗斯、乌克兰、以色列、日本、韩国、新加坡、印度、巴基斯坦、泰国、印度尼西亚、柬埔寨、菲律宾、埃及、南非、博茨瓦纳，主要为"一带一路"沿线国家。从合作国家的地理位置来看，有北美洲、拉丁美洲、欧洲（包括西欧、北欧、中东欧、东欧）、亚洲（包括东亚、东南亚、南亚）、非洲（包括中非、南非），目前已经形成较为密集的点状合作，但尚未形成网状合作态势。

从运行绩效来看，省级国际科技合作基地在拓宽对外科技合作渠道、吸引国际科技人才、开展国际技术转移、参与国际科技创新合作特别是国际大科学计划和大科学工程、提升安徽省科技创新人才国际化水平、带动"走出去""引进来"、提升国际合作竞争力等方面都有所突破。例如，以国际大科学工程项目SKA为牵引，电磁波空间应用国际联合研究中心承担低频孔径阵列联盟包的TPM模块研发；安徽省先进纳米能源材料国际科技合作基地与中国科学院等离子体物理研究所合作，积极参与了国际热核聚变实验堆计划项目。这些项目，使国际科技合作基地承担单位参与到更高层次的国际合作当中，既提升了国际科技合作基地在全球的形象力，又培养了基地科研和管理人员开展国际科技合作工作的能力。

在国际科技合作渠道开拓方面，大部分国际科技合作基地都在保持同原有国外合作伙伴合作的同时，与新的国外机构签署备忘录或合作协议，拓宽了合作渠道。通过与新合作渠道的科技合作，有利于国际科技合作基地的多元化合作，同时也避免了可能因为政治因素导致国际科技合作不易开展，进而导致整个对外科技合作工作受到重大影响的可能。

在人才引进和培养方面，国际科技合作基地大多都建立了有效的引才育才机制，利用国际科技合作基地平台优势，围绕产业布局，积极引进海外高层次人才，包括开展引进国外智力工作、邀请外方专家来华交流及工作，依托国际科技合作基地平台培养硕士、博士或其他专业技术人才，安排开展各类专业技术交流、培训、研讨会，输送科研人员出国学习等。绝大部分国际科技合作基地都已打造了一支稳定的国内外专家队伍；部分国际科技合作基地通过发展中国家杰出青年科学家来华工作计划（国际杰青计划），吸引了符合条件的发展中国家杰出青年科学家、学者和研究人员来安徽省开展合作研究。

在国际科技合作成果方面，国际科技合作基地的依托单位基于合作成果发表论文、申请专利，并参与制定行业标准、国家标准或国际标准，这些标准和专利对于企业"走出去"，甚至对于产业转型升级都非常重要。

在促进产业发展方面，国际联合研究中心及示范型国际科技合作基地的依托企业大多通过国际合作形成多项关键技术，并开发出多种产品，社会效益和经济效益显著。

### 四、安徽省省级国际科技合作基地的主要特征及问题

#### （一）传统农业大省积淀的优势得到发挥

国际科技合作基地在学科领域分布上，排在第二位的是现代农业科技，与排在第一位的生物医药及健康领域仅差一家，占总数的1/5。"一带一路"倡议实施以来，安徽省发挥自身的优势开展对外科技交流与合作，在农业科技上"打出自己的节奏"。

#### （二）对外科技合作单位地区分布不均衡

国际科技合作基地在开展对外科技合作时，更倾向于选择亚洲、欧洲地区的合作伙伴，其次是美洲地区，最后是非洲地区，这一定程度上与地区科技发展水平有关。

大洋洲除了澳大利亚和新西兰两国经济较发达外，其他国家和地区均为落后的农业岛国，科技创新力量也仅集中在澳、新两国；非洲大陆土地广袤，但该洲科技创新能力在全球范围内较为落后，因此，省级国际科技合作基地在开展对外科技合作时，较少与非洲和大洋洲开展交流。值得注意的是，亚洲虽然地域广阔，但是大多数国家是发展中国家，发达国家仅有4个，在省级国际科技合作单位的国际合作对象中却排在第一位，这与地理位置有很大关系，亚洲国家与中国距离较近，交通便利，文化相近，缩小了国际合作的成本。无论是北美、西欧还是东亚地区，省级国际科技合作基地单位开展国际科技合作总会倾向于选择科技创新能力强的地区的合作伙伴，更典型的是西亚地区的以色列，作为西亚的唯一发达国家，几乎以一国之力吸引国际科技合作，拉动西亚地区

科技交流。毋庸置疑，科技创新能力是国际科技合作的第一吸引力。

（三）合作的对象单位地区分布基本形成三大梯队

目前，省级国际科技合作基地在外方合作伙伴的地区分布上，基本形成三大梯队，第一梯队是北美和西欧，第二梯队是东亚和东南亚，其他地区为第三梯队。北美和西欧在科技创新能力上占据全球领先地位，一直以来具备强大的国际科技合作吸引力，同时，经济发展程度高，交通基础设施完备，科技合作法律法规和制度完善，给国际科技合作提供了强有力的支撑和保障，是省级国际科技合作基地对外合作的首选。东亚和东南亚依托日本、韩国、新加坡三个发达国家的科技创新力量，在国际科技合作上具备比较宽广的空间，此外，东亚和东南亚国家在文化上与中华文化较为相近，在地理位置上又比较临近，具备优先开展合作的条件。

（四）亚洲范围内形成四个发达国家以点带面的科技合作形态

亚洲大陆仅有四个发达国家，其中日本、韩国位于东亚，新加坡位于东南亚，以色列位于西亚，省级国际科技合作基地在亚洲开展对外科技合作时，以科技实力为主导形成了四个发达国家以点带面的合作形态。东亚和东南亚地区合作明显较为强势，西亚次之。

（五）省级国际科技合作基地与国家级国际科技合作基地合作单位的地区分布较为一致

省级国际科技合作基地与国家级国际科技合作基地的对外科技合作单位地区分布总体上比较一致，在世界范围内五大洲均有分布，但是失衡现象均比较严重，缺少与大洋洲和非洲地区两个大洲的科技合作。

（六）国际科技合作基地学科领域与安徽省"十三五"科技优先发展主题比较接近

将国际科技合作基地的学科领域分布情况与安徽省"十三五"科技优先发展主题中十四个主题内容进行比较，发现各国际科技合作基地主要缺乏"互联网＋"、城市发展、公共安全和防灾减灾四个主题，其他十个主题均有涉及。

# 第四节　典型案例1：黄山生物多样性与短尾猴行为生态学国际联合研究中心

## 一、国际科技合作基地总体情况

黄山生物多样性与短尾猴行为生态学国际联合研究中心是依托安徽大学的生态学、生物学、环境科学等学科群，根据"项目—人才—基地"一体化国际科技合作模式，开展我国特有珍稀野生动物短尾猴的行为生态学、保护生物学和社会进化研究，探讨黄山生物多样性的起源、演化与保护，使其成为我国灵长类学高级专门人才的培养基地、黄山生物多样性研究与保护中心、吸引和凝聚国际优秀人才的平台高地。

中心联合日本、美国、俄罗斯、德国、英国等国的科学家，按照"项目带动、多元投入、平等合作、共建共享"的原则，开展项目合作、人员交流、学生培养、平台建设、数据共享等宽领域、多层次的合作，联合申请项目27项，联合培养研究生93人，合作发表论文100多篇，合作出版英文专著1部。国际科技合作提升了科研水平，助力安徽大学"双一流"建设，同时也提升了黄山的国际知名度。

## 二、国际科技合作历程及主要做法

（一）合作背景

灵长类是一类特殊的动物类群，进化地位高级，与人类关系最近，其研究结果对了解人类自身具有直接参考与借鉴作用。然而，野生灵长类主要生活在热带和亚热带地区的亚洲、非洲和南美洲，而北美洲、欧洲和澳洲均无野生灵长类资源，因此灵长类研究很自然地需要东西方的国际科技合作。

（二）合作过程

黄山是世界自然和文化遗产地，是我国生物多样性保护的热点地区，被誉为"天然物种基因库"。在黄山茂密的森林中，生活着一种我国特有的、国家二级保护灵长类动物短尾猴（Macaca Thibetana）。其因体型较大、四肢粗壮、颜面宽阔、集群生活、行为多样而被国际灵长类学界认为是揭示灵长类动物适应进化的关键物种。早在 1983 年，安徽大学生物系与日本京都大学灵长类研究所合作开展皖南山区短尾猴和猕猴种群调查，这是改革开放后安徽省第一个国际科技合作项目，得到了安徽省人民政府的高度重视，当时安徽省科委专拨 3 万元予以支持。1987 年，中央电视台与安徽电视台深入黄山中日合作研究黄山短尾猴野外基地，合作拍摄我国第一部野生动物专题片《黄山猴》。

随着研究的深入，安徽大学在黄山风景区的西南山麓浮溪建立野外研究基地，系统定量地开展短尾猴种群生物学和行为生态学研究。安徽大学先后与日本农工大学、美国纽约州立大学、俄罗斯国家科学院、美国中央华盛顿大学、美国华盛顿大学、德国国立灵长类研究中心、法国特斯拉斯堡大学、美国伊利诺伊大学、美国佐治亚大学的专家学者开展短尾猴的社会行为、繁殖策略、统治体制、行为交换、集体决策、肠道微生物与环境适应、人猴共患传染病生态学等研究，构建了定量观察技术体系，建立了行为谱和家谱，开发了研究数据库，获得 4 项国际组织基金、17 项国家自然科学基金、2 项教育部科学基金和 10 多项省自然科学基金和省国际合作基金的支持；在国际知名学术刊物 *International Journal of Primatology*、*American Journal of Primatology*、*Primates*、*Frontiers in Ecology and Evolution*、*Scientific Reports*、*Folia Zool*、*Behaviour*、*Animals* 和国内知名学术刊物 *Current Zoology*、*Zoological Research*、《科学通报》、《动物学研究》、《兽类学报》等发表论文 100 多篇；出版国内第一本灵长类研究专著《野生短尾猴的社会》和我国灵长类学界第一本英文专著 *The Behavioral Ecology of the Tibetan Macaque*（《短尾猴的行为生态学》）；研究成果获得安徽省自然科学二等奖、国家林业局科技进步三等奖和安徽省科技进步二等奖；联合培养研究生 93 人（其中博士 13 人）；联合主办灵长类国际学术研讨会"Nonhuman Primates：Insights into Human Behavior and Society（从灵长类动物理解人类的行为与社会）"，来自美国、德国、法国、日本的 15 位国际灵长类学知名专家与 35 位国内学者深入讨论交流；黄山短尾猴野外研究基地成为国际上最有影响力的灵长类野外研究的八个基地之一（Kappeler & Watts，2012）；根据中心的部分研究成果，2018 年由安徽电视台完成的高清电视专题片《黄山短尾猴》在中央电视台第九频道首映受到热评、好评，荣获第十二届中国纪录片国际选片会人文类一等奖；团队带头人李进华教授入选百千万人才工程国家级人选、安徽省学术技术带头人和安徽省教学名师，当选为中国动物学会常务理事、中国动物学会兽类学分会副理事长、中国动物学会灵长类学分会副理事长、中国动物学会动物行为学分会副理事长、*Current Zoology* 副主编，获得宝钢教育奖和安徽省青年科技奖，享受国务院特殊津贴。

### 三、国际科技合作的经验与展望

此国际科技合作持续三十多年不间断，研究成果持续彰显，合作领域持续扩大，合作友谊持续加深，合作影响持续上升。主要做法和经验如下：

（一）研究对象独特，科学价值重大

成功合作前提是要有双方都感兴趣的项目或成果。灵长类动物具有鲜明的多学科属性及独特的进化地位，是开展生物学、生态学、行为学、人类学、心理学、社会学等综合研究的理想对象。短尾猴是我国特有的高等灵长类动物，是国际动物学界亟待了解的"神秘"物种。同时，黄山驰名海外，生态环境优美，生物多样性丰富。这两大资源对国内外学者都很有吸引力。

（二）基础工作扎实，合作成果可期

此团队研究始于 1983 年，该团队是国内最早开展野生灵长类研究的团队。研究初期，团队就意识到短尾猴是长寿命的动物，必须建立稳定的野外基地以便开展长期的、系统的、持续的观察与研究，因此，构建野外定量观察技术体系，建立行为谱和家谱，开发研究与记录的标准化方法并建立数据库，使不同时期、不同人员的研究数据可比较、可复制、可持续。一旦国外学者与中心签订合作协议，中心长期保存的数据和研究方法即可开放让他们分享，缩短了国外学者初期的摸索时间，可以快出成果，合作研究也可预期。

（三）发挥比较优势，坚持互利"双赢"

国际合作从某种意义上来说是各方的优势的彰显和"短板"的弥补。中心依托珍稀动物资源和研究积累，具有一定的优势，但在研究思路和方法上有短板；外方有创新思路和研究经费的优势，但缺少研究资源。双方发挥比较优势，同时共享研究成果，所有成果署名依国际通行规则按贡献大小排名。据不完全统计，参与本项目合作者中，已有 50 多人晋升高一级职务。

（四）合作形式多样，注重人文交流

中心开展国际科研合作，形式多样，内容丰富，共同举办野外训练课程，联合培养研究生，互派专家教授讲学，使双方的合作交流频繁而深入，人员往来不间断。同时，在合作过程中，双方都十分注重人员沟通和文化交流，经常举办小型研讨会、茶话会和恳谈会，加深理解，厚植友谊。

（五）聚焦合作协议，确保精诚合作

合作协议是双方合作的依据和准则，必须确保内容全面、表述准确、照顾关切。中心与外方签订的每一份协议，事先都反复商量、字字斟酌，对合作目的、合作内容、合作期限、双方责任、双方负责人与联系方式、争议处置方式等进行明确而具体的确认，甚至成果署名顺序、费用支付方式、仪器设备后期处置等都一一注明。有时一个合作协议从起草到完成签字需耗时半年多，但"磨刀不误砍柴工"，把合作过程中各种可能的情况都事先想好谈好，可为日后顺利合作铺平道路。

# 第五节　典型案例 2：合肥通用机械研究院有限公司

## 一、国际科技合作总体情况

合肥通用机械研究院有限公司（以下简称"合肥通用院"）是中央驻皖转制院所，1956 年创建于北京，1969 年搬迁至合肥，1999 年转制为科技型企业，是原机械部直属国家一类科研院所，现隶属中国机械工业集团有限公司。

合肥通用院是国际科技合作的倡导者与实践者。建院 65 年以来，始终坚持承压设备与流体机械"原创技术策源地"和"关键共性技术研发和成果扩展转化策源地"的定位。围绕"重大技术装备研制"和"在役设备安全可靠性"两大领域，依托建设的国家压力容器与管道安全工程技术研究中心、国际联合研究中心、压缩机技术国家重点实验室等创新平台，不断汇聚国内外优势创新资源，加强与国际知名机构的强强联合，紧密追踪国际前沿技术，持续提高自身在重大装备设计制造核心技术、重大工业事故早期诊断预警关键技术等方面的研发能力，不断研发承压设备新材料、新技术、新方法、新工艺，加快推进科研成果转移转化和人才交流培养，为我国重大技术装备研制及在役安全保障提供技术支持，在我国通用机械技术领域中发挥促进国际交流合作和提升国际影响力的重要作用。

**二、国际科技合作历程及主要做法**

2013～2020年，合肥通用院坚持自主创新与国际合作结合，在研发能力提升和辐射带动、提升技术领域全球影响力、夯实基础研究根基等方面开展广泛的国际科技合作，取得了显著合作成效和重要影响，主要体现在：

（一）建立了石化装置长周期运行风险评估工程技术体系

在石化等过程中，工业装置安全可靠运行对于保障人民生命财产安全和经济社会稳定至关重要。合肥通用院与法国国际检验局（BV）合作，引入发达国家基于风险的检验（RBI）技术，在国内首次建立了国际先进且具有中国特色的石化装置长周期运行风险评估工程技术体系，使我国石化装置连续运行周期从过去的1年延长至目前的3～6年，万台设备年事故率由21世纪初的2.5下降至0.09，实现了我国石化装置检测维修理念和方式的变革，提升了我国石化用户企业的在役设备完整性管理水平。法国BV高级副总裁邢继顺先生因RBI技术合作的重要贡献，2015年由国际联合研究中心依托单位合肥通用院申报、推荐而获得中国政府"友谊奖"，并受到李克强总理接见。

（二）推动了自主创新、解决了高端装备自主设计制造难题

我国过程工业领域一些高端装备长期以来尚未能实现自主设计制造，严重制约了千万吨炼油、百万吨乙烯、大型煤化工等国家重大工程建设。合肥通用

院在 RBI 国际合作基础上进一步开展自主创新，在国际上首次提出了基于风险与寿命的设计制造理念，建立了基于全寿命周期风险控制的设计制造技术方法，研制出百万吨乙烯工程高参数低温球罐、50 万吨/年醋酸工程特种材料设备、煤化工和炼油装置缠绕管式换热器、化工装置环氧乙烷反应器等国产首台、套重大装备，标志着我国率先迈入了以全寿命风险识别、预测与控制为基准进行设计制造的新时期，引领了国际压力容器未来发展的先进方向。

合肥通用院与荷兰壳牌（Shell）合作，攻克了高压浓相煤粉流量调节、防多相流冲刷失效的寿命可靠性控制等关键核心技术，研制出自主知识产权的煤粉流量调节阀，寿命可靠性是国外产品的 3 倍以上，成为 Shell 的合格供应商。在引进消化吸收日本、丹麦等发达国家原油储罐油泥机械清洗技术的基础上，合肥通用院开发出适应我国原油储罐特点的罐底油泥清洗回收成套装备，油泥回收率达 99％，为保障罐区安全发挥了重要作用。

（三）推动了压力容器与流体机械行业绿色设计制造技术的进步

践行绿色发展战略，合肥通用院与英国焊接研究所（TWI）、美国机械工程师协会（ASME）等国外技术机构合作，研究形成了重型压力容器轻量化设计制造技术，支撑了压力容器行业制造企业开发出国产首批加钒钢加氢反应器、国际首台超大型丁辛醇换热器、世界最大不锈钢深冷储运容器等轻量化重大装备，为提升我国压力容器行业绿色设计制造自主创新能力、突破承压设备建造能力"瓶颈"、提高产品国际竞争力发挥了重要作用。

在联合国多边基金支持下，合肥通用院联合国内单位，针对传统制冷剂温室效应高、破坏臭氧层等突出问题，提出了包括 R32、$CO_2$、$NH_3$ 等环境友好工质在内的全新解决方案，在替代应用基础研究、关键装备开发、绿色制造和智能制造等方面取得重要突破，形成了工商制冷设备制冷剂替代的中国方案，为产业平稳过渡和发展提供了支持，促进了新工质制冷空调产业化推广，为履行《蒙特利尔议定书》国际公约贡献了中国智慧，获得了联合国环境规划署、联合国开发计划署、世界银行等"国际机构联合颁发的为保护臭氧层做出宝贵贡献和努力"认可荣誉证书。

（四）加速成果在"一带一路"沿线国家的转化推广

合肥通用院通过国际合作在装备设计制造、过程装置风险评估、设备检测监测与诊断评估等方面取得一系列创新成果，并在"一带一路"国家进行转移转化，取得显著效益。合肥通用院与美国ASME等单位合作开展重型压力容器轻量化设计制造技术研究，研制出轻量化加氢反应器、应变强化深冷储运容器，出口印度、伊朗等"一带一路"沿线国家以及澳大利亚、新加坡等20多个国家和地区。另外，承压设备检验检测与合于使用评价技术成果在苏丹喀土穆炼油有限公司得到应用，确保了该厂关键承压设备的长周期安全运行；为马来西亚国家石油公司设计开发13300立方米高参数球罐，为伊拉克建设COSL Middle East FZE 泥浆站，为泰国等东南亚地区油罐区提供大型储罐油泥清洗回收一体化装置等。

### 三、国际科技合作的经验与展望

（一）汇聚国际创新资源，持续开展国际合作项目研究

合肥通用院坚持"请进来"与"走出去"相结合的发展思路，围绕国家战略和行业发展需求，加强与国际一流科研机构的交流合作，积极构建国际化创新合作网络。目前，依托合肥通用院的国际联合研究中心，汇聚了英国焊接研究所（TWI）、英国布里斯托大学（UoB）、法国必维国际检验集团（BV）、法国玛努尔工业集团（MI）、挪威船级社（DNV）、英国开放大学（OU）、日本九州大学（KU）、美国机械工程师协会（ASME）等20余家国际创新资源，持续开展国际合作项目研究。与英国TWI合作"全尺寸海底管道结构疲劳试验系统合作研制"，形成悬跨海底管道和立管结构疲劳寿命评估方法，解决了我国海底管道结构疲劳性能测试和安全评估关键技术难题；与法国MI在合作开展耐热合金炉管检测评价技术研究的基础上，提出基于寿命的材料成分—微观组织—宏观性能调控方法，显著提高产品寿命可靠性，补齐了我国高质量合金炉管的研制"短板"。

（二）坚持互访交流合作机制，积极拓展国际合作领域

合肥通用院积极聘请国外技术机构的专家担任客座教授，选派技术骨干前往英国开放大学、英国焊接研究所、日本九州大学等机构做访问学者，与相关国外技术机构建立人才互访交流机制，为培养和引进具有国际视野的优秀人才

提供有利条件。2013～2020年，派出技术人员出访英国、日本、加拿大、美国等120余人次，参加每年一度的美国机械工程师学会压力容器与压力管道国际会议（ASME PVP 2013～2020），接待英国、日本、美国、法国等专家来访100余人次；主办和承办高水平国际学术会议近30次，包括举办了第十四届国际压力容器技术会议（ICPVT-14）、国际结构完整性学术研讨会议（ISSI2013～2020）、美国ASME锅炉与压力容器规范第Ⅷ卷委员会中国国际工作组成立大会和研讨会议、第九届全国压力容器学术会议（CPVT-9）等具有国际影响力的学术交流活动。借助上述国际交流合作的契机，进一步促进了我国在材料、设计、制造、检测、维护、标准、人才培养等众多方面与国际接轨。

（三）积极推动中国标准国际化，不断提升国际影响力和竞争力

合肥通用院作为我国通用机械行业的归口单位，利用挂靠的压力容器、流体机械等行业学会和协会、国际标委会分会、全国标委会及其分会等平台，积极推动成果辐射推广和标准化工作。与韩国机械电气电子试验研究院合作，主持制定了ISO22153《工业阀门电动装置一般要求》，主持修订了ISO6002《螺栓连接阀盖钢制闸阀》，推动中国标准"走出去"。成立了美国ASME锅炉压力容器规范第Ⅷ卷中国国际工作组，为提升中美双方压力容器标准水平、扩大我国标准技术的影响力起到了积极作用。

（四）重视质量技术基础研究，推动质量品牌建设

检验检测、认证认可既是质量技术基础的重要组成要素，也是合肥通用院创新发展的重要抓手之一。例如，在通用机电产品领域，合肥通用院积极与国际知名检验、检测、认证机构加强合作互认，不断拓展检测业务国际市场；通过国际交流合作，合肥通用院目前已成为国际CB认证、美国AHRI认证、美国UL认证、德国VDE认证、德国TV认证的签约实验室，每年仅AHRI检测任务就有240余项，涉及产品有风冷冷水机组、水冷冷水机组、盘管、机房空调、组合式空调机组、组合式空调箱体和风机盘管机组等，检测服务区域覆盖了整个亚太地区。

# 第五章　安徽省国际科技合作项目运行

## 第一节　国际科技合作项目概述

### 一、国际科技合作项目的内涵

国际科技合作项目以"开放创新、支撑发展、平等合作、互利共赢"为指导思想，目标任务定位于：推进开放环境下的自主创新，围绕建设创新型国家的总体目标，以全球视野推进国家创新能力建设，面向国家科技、经济和社会发展需求，通过国际合作有效利用全球科技资源，有利于促进我国科技进步和国家竞争力的提高；服务对外开放和外交工作大局，在更大范围、更广领域、更高层次参与国际科技合作与交流，有效发挥科技合作在对外开放中的先导和带动作用。

### 二、国际科技合作项目的意义

安徽省"一带一路"国际科技合作项目紧密围绕安徽省科技发展规划确定的战略重点，充分利用国际科技资源，"引进"与"输出"并举，全方位地开展多种形式的对外科技合作与交流，有利于进一步加强安徽省全方位、多层次、宽领域的对外科技合作，加大国际科技合作与交流力度，解决制约省内科技、经济和社会发展的关键技术"瓶颈"，鼓励通过国际科技合作实现若干科技领域的跨越式发展，培养国际科技合作人才，提高安徽省的自主创新能力，推动安徽省科技活动与国际接轨。

### 三、国际科技合作项目的发展

目前，安徽省"一带一路"国际科技合作项目运行在国家层面有政府间国际科技创新合作、港澳台科技创新合作重点专项、国家重点研发计划战略性国际科技创新合作重点专项；省级层面有省重点研究与开发计划对外科技合作专项，简称省级国际科技合作项目。本章节重点分析省重点研究与开发计划对外科技合作专项。

# 第二节　安徽省省级国际科技合作项目总体概况

2013～2020 年，安徽省科技厅共支持了 158 个单位的 279 个安徽省重点研究与开发计划对外科技合作专项。项目由不同的单位承办，所涉领域多元化，合作主体数量众多，项目覆盖多个大洲，体现出安徽省对"一带一路"政策的积极响应与参与，有利于着力落实新发展理念，构建现代化经济体系，推进更高起点的深化改革和更高层次的对外开放。

安徽省紧紧围绕主导产业和战略性新兴产业的发展需求以及国家"一带一路"倡议，围绕服务国家外交大局，重点在电子信息、高端装备制造、生物医药及健康、现代农业、新材料和新能源与节能环保等领域，实施多项国际科技合作项目，支持企业、高校以及科研院所开展合作研发，促进产学研合作，鼓励有条件的企业"走出去"。通过项目合作研发、人才及技术引进、技术转移等方式，实现了对国外及沪、苏、浙等省外科技资源的有效利用及科技人才的引进和培养，增强了安徽省科技创新能力，推动了有条件的企业"走出去"。

### 一、项目承担单位

安徽省279个国际科技合作项目的承担单位主要有企业、高校和科研院所三种主要类型。其中承担项目的企业数量最多，有113个，占总数的41%；高校数量其次，有99个，占35%；科研院所47个，占17%。这表明在国际科技合作项目的实施运行中主要是以企业和高校力量为主，相较而言，科研院所发挥的力量有限。其原因主要在于安徽省内战略性新兴产业中有相当一部分优秀企业，具有国家分工下的合作化视角，积极参与到国际科技合作项目的建设中来，而高校中具备较为完善的科研设备以及较为充分的科研资源和大量的科研技术人才，这都为国际科技合作项目在安徽省内的长远发展打开了良好的局面，如图5-1所示。

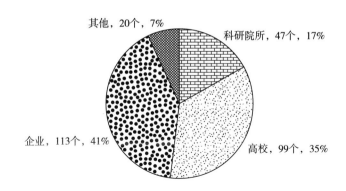

图5-1 2013～2020年安徽省省级国际科技合作项目承担单位类型情况

### 二、项目所属领域

安徽省279个国际科技合作项目在电子信息、高端装备制造、生物医药及健康、现代农业、新材料和新能源与节能环保等主要领域都有涉及，这体现出了安徽省内国际科技合作项目涉及领域的多元化。其中在生物医药及健康以及现代农业两大领域最为突出，占比最高的现代农业有65个，占总数的23%，约1/4。生物医药及健康这一领域也高达62个，占总数的22%，两个领域加总之后约为45%，约占到了总数的1/2。其次的电子信息、高端装备制造以及新材料三个领域中的数量也十分可观，电子信息这一领域的国际科技合作项目数为46个，高端装备制造的项目数为41个，新材料这一领域也有38个。相比之下，安徽省国际科技合作项目数量在新能源与节能环保这一领域相对较少，仅有27个，占总数的10%，如图5-2所示。这在一定程度上说明安徽新能源与节能环保的自身发展实力及对外科技合作较为薄弱。日后在继续发展突出领域的同时也应当加强新能源与节能环保这一领域的相关发展。

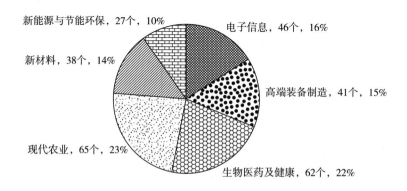

**图5-2　2013～2020年安徽省省级国际科技合作项目所属领域情况**

### 三、项目合作单位

安徽省279个国际科技合作项目的合作单位中，高校、企业、科研院所均有分布，兼顾了产学研合作，可以有效促进科技进步与创新，使高校和科研院所的科技资源得到充分发挥，将科技资源优势迅速转化为企业的竞争优势，从而提高企业的自主创新能力，实现高校、科研院所和企业之间的优势互补，加快科技成果转化，提升产业和区域的核心竞争力。省级国际科技合作项目合作单位主要以高校为主，数量高达143家，占比为51.25%。企业数量次之，为84家，占比为30.11%，科研院所数量最少，仅有44家，占比为15.77%，不足1/5，如图5-3所示。

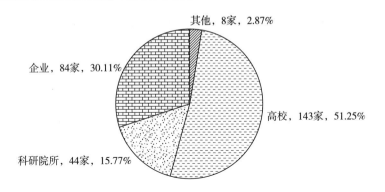

**图 5 - 3　2013～2020 年安徽省省级国际科技合作项目合作单位类型情况**

## 四、项目合作地区

从全球范围来看，安徽省 279 个国际科技合作项目的对外合作交流在亚洲、欧洲、非洲、北美洲以及大洋洲五个大洲均有分布，但是合作强度有明显差异。2013～2020 年省级国际科技合作项目合作单位共 279 个，其中欧洲 107 个，占总数的 38%，位列五大洲第一；亚洲仅次于欧洲，有 87 个，占总数的 31%；美洲 68 个，占总数的 24%，位列第三。这三大洲的占比之和高达 93%。相比之下，安徽省内国际科技合作项目分布在大洋洲的合作单位只有 13 个，占总数的 5%；在非洲的合作单位仅有 4 个，占比最小，仅有 2%，如图 5 - 4 所示。这体现出安徽省国际科技合作项目主要是与亚洲、欧洲、美洲之间进行合作，与大洋洲和非洲的合作较为薄弱。这种现象的原因主要在于亚洲、欧洲、美洲总体的科技实力相对而言较强，发达国家分布数量较多。

从细分地区来看，279 个国际科技合作项目的对外合作交流在各大洲内部地区上的分布差异也十分显著，总体而言，安徽省国际科技合作项目主要倾向于与东亚、西欧、北美等科研实力雄厚的、多发达国家的地区合作，与其他地区的合作则比较薄弱。具体来看，以我国所处的亚洲为例，在亚洲的 87 个项目当中，东亚这一个区域便占到了 51 个，在亚洲内占比 58.62%，在全球范围内占比也是高达 18.28%；而居第二位的西亚有 17 个，在亚洲内占比 19.54%，在全球范围内占比 6.09%；东南亚位居第三，有 15 个，在亚洲内占比

17.24%，在全球范围内占比5.38%；而位于南亚的合作项目数量则较少，仅有4个，在亚洲内占比4.60%，在全球范围内占比仅为1.43%，如图5-5 所示。

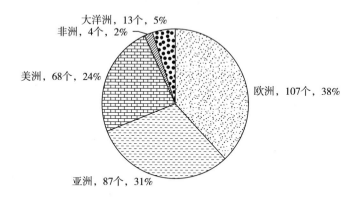

**图5-4　2013～2020 年安徽省省级国际科技合作项目合作大洲分析**

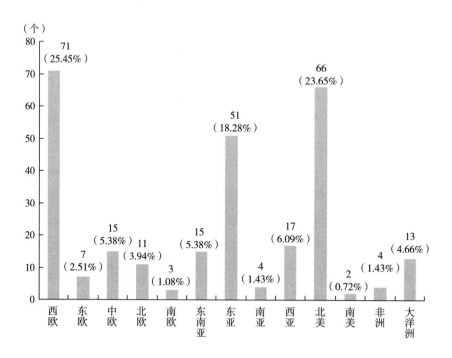

**图5-5　2013～2020 年安徽省省级国际科技合作项目合作地区细分**

# 第三节　安徽省省级国际科技合作项目趋势分析

安徽省省级国际科技合作项目在 2013～2020 年共立项 279 个，除 2016 年有所下降之外，总体上呈现出逐年增长的趋势，2019 年更是高达 46 个，如图 5－6 所示。这表明安徽省正在不断推动与沿线各国特别是周边国家深化经贸投资及产业务实合作，这有利于连接东南亚、南亚、中东、非洲、中亚、中东欧等全球新兴市场，为我国企业"走出去"开展投资及产业合作、构筑全球生产营销网络、培育国际经济合作竞争新优势提供更广阔的舞台，降低对美日欧等发达市场的过度依赖，不断提升我国在全球和区域经济分工体系中的地位和影响力。

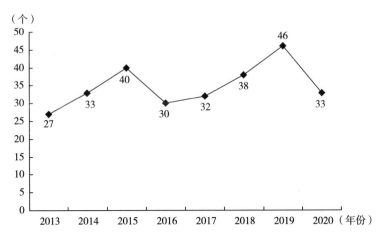

**图 5－6　2013～2020 年安徽省省级国际科技合作项目数量**

## 一、项目合作地区

2013～2020 年安徽省省级国际科技合作项目所涉及外方合作单位在各大洲地区分布上相差较为显著。八年间，位处非洲和大洋洲的合作单位始终较少，尤其是非洲，除 2013 年、2014 年、2018 年三年共有 4 家单位外其余年份都没有单位参与到安徽省国际科技合作项目当中。大洋洲在 2020 年时有 4 家合作单位，其余年份也都仅有 1 家或 2 家。八年间参与安徽省省级国际科技合作项目的欧洲合作单位数量则是在逐年上升，2013 年初只有 5 家，但到了 2020 年该数字已经上升到了 17 家，增速十分迅猛。而亚洲、美洲地区在 2013 年、2014 年、2015 年数量起伏较大，此后数量一直保持在较为稳定的水平，每年有 10 个单位左右，只是在 2020 年时稍微有所下降。这在一定程度上受到了地理位置的影响，欧洲、亚洲各国与我国地理位置接近，交通更为便利，开展合作交流较为方便，而大洋洲与非洲等地区距离较远，在合作交流之中多有不便。当然这种分布一定也受到了国家经济类型和经济能力的影响，非洲大部分地区为传统的农业、工业国家，科技创新能力较低，对于"一带一路"所倡导发展的高新技术产业参与度较低，因此与我国的合作项目数量较少。而欧洲、亚洲、北美洲等地区发达国家数量较多，经济实力和科研能力较为雄厚，参与国际科技合作项目的程度更高。总体来看，八年间非洲与大洋洲的合作单位数量始终较少，大洋洲近两年有上升趋势；欧洲地区的合作单位始终呈现上升趋势，且增速较快；亚洲、美洲两地区在初期变化较大，此后数量一直较为稳定，只是在 2020 年时稍有回落，如图 5-7 所示。

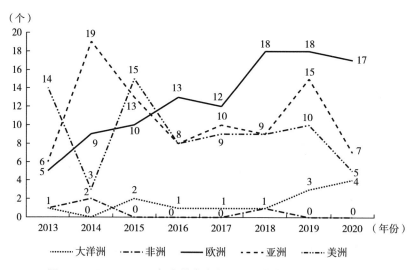

图 5-7　2013～2020 年安徽省省级国际科技合作项目合作地区

## 二、项目所属领域

279 个国际科技合作项目在所属学科领域分布趋势上也具有较为明显的变化。其中，属于电子信息领域的省级国际科技合作项目在 2013 年时有 8 个，但在 2014 年与 2015 年时都减少为 2 个，下降较快，但从 2015 年起便开始上升，最终稳定在每年 8 个的数量水平上。与电子信息领域相反的是，高端装备制造这一领域的省级国际科技合作项目在 2013 年仅有 3 个，但在随后的 2014 年上升到了 9 个，此后便处于一个逐年下降的趋势，最终稳定在每年 3 个的数量水平上。生物医药与健康这一领域的省级国际科技合作项目数量在八年间起起落落，但大体围绕每年 7 个的数量上下浮动，变化较小。而现代农业这一领域的省级国际科技合作项目变化则十分复杂，没有明显趋势。新材料这一领域的省级国际科技合作项目数量则总体上呈上升的趋势，从 2013 年时的 2 个一直上升到 2020 年的 8 个。新能源与节能环保领域的省级国际科技合作项目数量变化也较大（见图 5 - 8）。

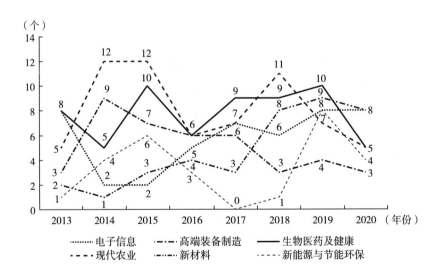

**图 5 - 8　2013 ~ 2020 年安徽省省级国际科技合作项目所属领域**

# 第四节　安徽省省级国际科技合作项目存在的问题和建议

## 一、安徽省国际科技合作项目运行存在的主要问题

（一）国际科技合作项目与"一带一路"的联系不够紧密

安徽省省级国际科技合作项目与东亚、西欧、北美等发达国家和地区合作最为密切，与其他地区合作很薄弱。但"一带一路"沿线国家还包括东南亚的东盟十国、西亚十八国、南亚八国、中亚五国、独联体及中东欧国家，并且非洲也已有三十余个国家与中国签署了关于"一带一路"的协议。这些国家目前与安徽省的国际科技合作项目合作较少，使安徽省国际科技合作项目整体上与"一带一路"的联系不够紧密。

（二）对外科技合作中具有明显的地域倾向性

安徽省省级国际科技合作项目单位在地域上更倾向于选择亚洲、欧洲地区的合作伙伴，其次是美洲地区，最后是大洋洲和非洲地区，这一定程度上可能与地区科技发展水平挂钩。大洋洲除澳大利亚和新西兰外，其他国家和地区均为较为落后的农业岛国，科技发展水平不高，非洲大陆经济发展水平低，科技创新能力落后，相比之下，欧洲、亚洲、美洲发达国家数量较多，科技水平和经济发展水平较高，因此国际科技合作项目较少与非洲和大洋洲开展交流。而亚洲虽然仅有四个发达国家，但在国际科技合作项目的国际合作对象中却仍高达 87 位，仅次于欧洲，这可能与地理区位原因有关，亚洲国家与中国距离近，交流的便利程度更高，大大缩小了国际合作的成本。

（三）国际科技合作项目承办单位间的合作程度差异较大

安徽省省级国际科技合作项目承办单位的分布上呈现出企业数量最多、高校其次、科研院所数量最少的格局，合作单位的分布上呈现出高校数量最多、

企业数量其次、科研院所数量最少的格局，总体而言，高校和企业与国际科技合作项目的合作程度较高，科研院所的合作程度较小。形成这种格局的原因主要在于企业、高校、科研院所在科研上的侧重点各不相同。在全球化的当下，企业为追求经济利益提高产业效率，必须拿出时间和精力进行国际合作，因此其科技创新投入较多，科技成果转化能力较强。而高校的科研实力强，科研人员和可调动的科研资源丰富。因此，目前的格局是合理也是值得肯定的，但这确实在一定程度上影响了产学研合作的进一步加强，影响了科技成果的转化能力和速度，进而可能影响到经济效益和社会效益的实现。

## 二、安徽省国际科技合作项目的建议

（一）加强与"一带一路"国家的联系

针对安徽省国际科技合作项目与"一带一路"国家联系不够紧密的现状，可以在之后项目凝练时，优先支持位于"一带一路"沿线国家的合作单位，加强与沿线发展中国家的科技合作，更好地实现国际科技合作项目的经济价值和社会价值，发挥安徽省对于"一带一路"建设的积极意义，促进"一带一路"倡议的落实发展，推动全球共同发展繁荣，构建人类命运共同体。

（二）加强与科研院所的科技合作

如前所述，目前国际科技合作项目承办单位中以企业为主，高校其次，科研院所最少；合作单位中高校为主，企业其次，科研院所最少，这种格局是合理的，但是也必须意识到，科研院所对于国际科技合作项目可能有更高的专注度。因此，安徽省省级国际科技合作项目应当适当注意合作单位性质上的均衡性，可适当增加与科研院所的合作，在一定程度上可以增加合作项目的成果转化，特别是争取实现产业化，促进产学研合作，提高省级国际科技合作项目的经济效益和社会效益。

（三）拓宽对外科技合作的渠道和领域

对于"一带一路"沿线的国家来说，国际合作项目的形式合作，更加有利于推动深层次的合作。经贸往来是基础，人才交流是纽带，技术交流是主线，基础性、应用性技术合作并举。深入交流，探索合作空间，推动项目在"一带一路"沿线国家的扎根和开花。正如历史上丝绸之路的开拓在于探索和实践，要拓宽对外科技合作的渠道、领域必须要有不墨守成规的精神。以自己企业的实际需求为出发点，以提高产品科技含量、增加市场份额和扩大国际影响力为目标，利用好政府搭建的平台和提供的机会，多参加各种类型的展览会，扩大影响，寻找有诚意的境外、海外合作对象，以拓宽国际科技对外合作的渠道和领域。

# 第五节　安徽省国际科技合作项目运行典型案例

## 一、案例1：汽车油封制品生产经营项目

该项目承办单位为嘉科（安徽）密封技术有限公司，其主营业务为生产销售自产的汽车用特种橡胶配件；自营和代理各类商品和技术的进出口业务（国家限定企业经营和禁止出口的商品和技术除外，不含分销）。该项目于2018年立项，于2019年3月15日竣工。

（一）总体情况

改革开放40多年以来，随着我国经济的迅速发展、综合国力的不断增强和国际地位的显著提升，嘉科（安徽）密封技术有限公司（以下简称"嘉科（安徽）"）与德国KACO有限两合公司（以下简称"德国KACO"）的对外技术交流与合作由最初的文件、会议、培训等初级形式，发展为进行项目国际合作研究，建立Citrix、TREND、RQM等项目管理与质量管控体系，设立国内企业自主研发中心等多种实质性的方式。本项目名称为"汽车油封制品生产经营项目"，主要围绕汽车油封领域的发展与需求建立国际科技技术合作，突破传统单一的减震器油封领域，在汽车高端油封领域进行深入合作与开发：在汽车发动机、变速箱、离合器、新能源汽车高速电机等关键部位配套的高端油封制品方面，双方进行对材料配方的合作设计与研究开发，产品结构的合作设计与开发，

模具的设计、开发与加工、维护；对生产工艺进行优化与提升；对工装设备的设计与研发等进行持续研究与改进，以前承接项目由德国公司主导研究的局面发生改变，转变为嘉科（安徽）对承接项目进行自主设计、研发送样、复模送样、批量供货。企业不断增加研发投入，同时嘉科（安徽）派遣专业技术人才30余人次到德国KACO培训学习。对部分重要客户的重大项目，邀请德国技术团队专家来华与嘉科（安徽）的技术人员、客户技术人员共同商讨项目解决方案，有力地推动了国际科技合作进程，从而打破高端油封依赖进口的局面，逐步与国内长城、比亚迪、一汽、北汽、吉利等主要厂商建立长期稳定的合作关系，从而推动了我国油封及装备制造业主机行业的快速发展，也为国内高端油封领域的发展积累了宝贵的经验。

（二）合作背景

油封制品是汽车、工程机械等行业的关键基础零部件，在机械装置的运动部位的工作介质中起到密封作用，保证机械装置的正常运转。作为基础关键零件，油封的质量及性能直接决定重大装备及主机产品的性能、质量、可靠性及产品的使用寿命。国内油封制品的生产已有40多年的历史，虽然在产品研发设计、模具制造、实验检测及质量管理等方面逐步缩小了与国外先进企业的差距，但是汽车发动机、变速箱、离合器、新能源汽车高速电机等需要在恶劣工况下工作的油封制品，因其需要耐高温、耐高压、高速、低摩擦及拥有超长使用寿命，发展仍然比较滞后，国内主机企业对高端油封产品主要依赖进口，这一现状严重制约了我国装备制造业主机行业的快速发展。

由于2009~2013年中国汽车行业的高速发展，同时随着全球范围内的经济产业转移，西方汽车工业发达国家逐渐将部分制造业（尤其是汽车零部件制造）等非核心产业向我国等劳动力成本较低、工业化水平较低的国家和地区转移。各跨国汽车公司纷纷调整与零部件厂家的战略伙伴关系，实施本土化采购战略，因此带来了国内市场汽车行业配套市场的全面发展。但是，由于受技术条件、工业标准、合作方式等诸多因素的影响，国内很多企业在油封领域多是以中低端产品为主，高端油封产品主要依赖进口，在此种形势下，嘉科（安徽）大胆地实行"走出去、引进来"的策略与德国KACO有限两合公司建立国际科技合作关系，双方本着友好协商的原则，在胶料配方、模具设计、生产工艺、工装设备等方面展开深度合作和研究，提升本公司的汽车关键部位使用的动态油封制品的生产制造能力，使产品具有技术含量高、节能降耗、经济效益好的特点，对于企业、区域经济、国内高端油封市场的发展具有重大的意义。

（三）合作过程

依据合作双方达成的技术合作协议，结合中国市场的实际情况，合作双方进行可行性分析，该项目在 2017～2020 年累计投入 6530 多万元人民币用于研究与开发高端油封产品合作项目，同时从每年的营业收入中拨付 7.5% 左右的资金用于该项目的持续发展。双方技术团队通过互联网、邮件、电话会议、现场指导等方式加强合作，逐步拓宽油封产品的生产领域，提高技术水平，不断推动技术合作的进程。

技术合作主要分为三个阶段和过程：

第一阶段：嘉科（安徽）将承接的新项目转至德国 KACO，由德国 KACO 承担设计、研发、送样，直至复模送样合格后，移交嘉科（安徽），以确保新项目顺利实施。同时嘉科（安徽）派遣 10 余名技术人员赴德国 KACO 学习，参与德国 KACO 承担的嘉科（安徽）项目的设计、研发工作，以嘉科（安徽）项目为切入点，学习德国 KACO 的先进技术，德国 KACO 提供支持。本阶段已完成并取得了计划成效。

第二阶段：嘉科（安徽）将承接的新项目，由赴德国 KACO 学习归国的嘉科（安徽）的技术专家自行设计、研发，由德国 KACO 技术专家负责审核设计图纸和技术方案，对嘉科（安徽）技术专家的设计方案提出改进意见，配合嘉科（安徽）对承接的新项目的研发，直至复模送样合格。本阶段已完成并取得了计划成效。

第三阶段：嘉科（安徽）将承接的新项目，完全由嘉科（安徽）技术专家自主设计、研发送样，直至复模送样合格。德国 KACO 仅需协助嘉科（安徽）对市场反馈的异常问题进行处理。此阶段已形成且有成效，完全符合对外科技合作项目构建初期的绩效目标，从而推动高端油封产品的国产化进程。

（四）合作亮点

（1）嘉科（安徽）通过与德国 KACO 进行技术合作，成功为长城汽车设计、研发、生产出离合器罩盖油封，该产品是自动离合器用油封，该产品要求内外圆密封具有不同的介质，产品尺寸大且配合尺寸公差要求极严格（达+0.003mm）。嘉科（安徽）现已成功为长城汽车提供该产品100余万套，质量一直处于稳定状态。

（2）嘉科（安徽）通过与德国KACO进行技术合作，成功为通用汽车设计、研发、生产出磁性信号轮产品，该产品用于发动机部位。该产品通过对材料进行充磁处理，使产品具有捕捉发动机工作信号的功能，并将该信号传送到汽车电脑，电脑通过计算发动机运转信号和汽车运行速度，从而对发动机和变速箱发出相应的信号，使发动机的转速和变速箱的挡位处于最佳状态。嘉科（安徽）目前已成功为通用汽车提供该产品100余万套，质量一直处于稳定状态。

（3）嘉科（安徽）通过与德国KACO进行技术合作，成功为比亚迪汽车设计、开发塑料法兰油封产品，该产品用于发动机部位。该产品结构极为复杂，通过将金属嵌件嵌入异型塑料法兰，并对塑料法兰唇口部位进行橡胶和PTFE材料黏合，最后对该产品装配保护套和波形信号轮，使该产品在密封的同时，又具有低摩擦、耐高温、自润滑的性能，并将发动机的工作状态适时传递到汽车电脑，可以极大提高发动机的工作效率和发动机的工作稳定性。嘉科（安徽）目前已成功为比亚迪汽车提供该产品200余万套，质量一直处于稳定状态。

（4）嘉科（安徽）通过与德国KACO进行技术合作，成功为国内汽车水泵厂家研发、生产了水封制品。该产品通过对碳化硅和金属弹簧等材料的组装，形成硬面材料的密封。该产品需要碳化硅的表面粗糙度控制在0.5微米以内，要求保证既有适量的冷却液通过接触面以润滑，又不能形成泄漏。该产品是硬性材料密封的典型代表，之前国内的该类型产品一直被国外公司垄断，嘉科（安徽）通过与德国KACO合作研发、生产出的水封制品，一举打破了国外垄断。嘉科（安徽）目前已成功为西峡水泵、飞龙水泵公司、四川航天世源公司等提供该产品1000余万套，质量一直处于稳定状态。

（5）嘉科（安徽）通过与德国KACO进行技术合作，在新兴的新能源汽车领域也有大量的开发成果，与国内知名新能源汽车及零部件制造商合作开发的高速电机油封已经进入量产阶段，主要客户有长城、上汽、蔚来、舍弗勒和纳铁福等。针对该类产品的技术难点——"超高转速＋反转密封"，嘉科（安徽）的产品技术人员通过在多个项目中不断尝试不同结构和材料组合及优化，目前已经具备独立开发转速达到18000转/分钟、线速度高达40m/s以上的电机油封的能力，在国内油封行业处于领先水平。

（五）合作成效

嘉科（安徽）借助德国 KACO 公司在亚洲市场的战略规划，采购进口原料，遵循先进的材料配方、工艺技术，从德国引进包括 REP－V49、REP－V29、LWB 以及 MAPLAN460、MAPLAN160 等世界知名品牌的生产设备、实验检测仪器，并对厂区按照生产、质量的要求组建多个生产管理单元，从而实现油封制品的批量生产。现已基本完成项目的预期目标，全面提升国内生产汽车发动机、变速箱、离合器等关键零部件油封制品的技术水平，有力推动高端油封制品生产的国产化进程。截至2019年，累计生产约7000万件油封产品，2019年销售收入1.27亿元，2020年销售收入1.61亿元，每年保持25%以上的增速，全面完成了项目规划初期的目标。

近三年来，随着公司研发体系的不断完善，研发投入逐年递增，2017年、2018年、2019年研发投入分别为584.44万元、719.33万元、799.64万元。研发投入的有力保障，促进了公司技术研发能力的不断提升，新产品开发速度大大加快，新产品销售收入占全部销售收入比例逐步上升。公司共申报专利22项，其中发明专利6项，实用新型专利16项。截至目前，公司共获得授权发明专利2项、实用新型专利22项，其中近三年授权发明专利2项、实用新型专利12项，进入实审的发明专利4项，其他专利全部进入受理状态。以上专利全部通过自主研发获得，专利内容涵盖橡胶材料配方技术、模具技术、工艺、产品等全部环节的核心技术，并全部实现应用。

同时，嘉科（安徽）成功成为中国汽车工业协会会员、安徽省高新技术企业、合肥工业大学实践教学基地，与安徽大学、合肥学院等高校建立了产学研合作项目。嘉科（安徽）2016年通过 ISO/TS16949 质量管理体系认证，并于2018年初和2021年初连续通过 IATF16949 质量体系认证；2017年和2020年连续获得安徽省高新技术企业荣誉、2019 年通过两化融合管理体系认证并获得资质证书。

### 二、案例 2：COC 芯片高通量基因合成技术项目

该项目是安徽省 2017 年度第一批科技计划项目，所属领域为生物技术与创新药物。该项目由通用生物系统（安徽）有限公司承担，项目实施日期为 2017 年 1 月至 2018 年 12 月，总经费 680 万元，其中自筹 600 万元，财政拨款 80 万元，目前已成功验收。接下来将从人才培养与队伍建设、主要成果、项目成效方面对该项目进行详细介绍。

（一）人才培养与队伍建设

"COC 芯片高通量基因合成技术"项目中始终注重高素质的人才培养和高水平的队伍建设。在项目建设的队伍中，新增正高级职称者 1 人，新增副高级职称者 2 人，培养或引进其他国家级或省部级荣誉称号的专家 1 人，引进了国（境）外专家 1 名。项目研制利用 DNA 芯片高通量低成本合成基因技术，将目前该领域存在的引物与基因合成分离的工艺整合在一起，实现了基因合成的智能化、自动化。

人才的引进、培养和合理布局是实现公司可持续发展的重要举措。通过项目的实施，公司研发团队已拥有 2 位博士，近 45 位硕士，本科以上的人才占 90% 以上。

通过项目的实施，形成了较为成熟的首席科学家制度，公司与各国的交流能力进一步提升。随着公司业务的开展，葡萄牙、瑞士、瑞典、日本、韩国、印度、澳大利亚、阿根廷、智利、墨西哥以及南非等生物方面的专家来企业交流日益增多，尤其是"一带一路"沿线各国生物技术及产品的交流，使业务与技术互相渗入，人才交流与技术形成了双向互补的局面。

（二）主要成果

"COC 芯片高通量基因合成技术"项目取得的主要国际科技合作成果为"一种高通量、高保真、低成本的基因合成方法"，该成果将扩增寡核苷酸库和平行组装基因步骤整合到一块微流芯片上同时进行；采用错配特异性内切酶建

立高效的基因合成错误修复体系，使合成错误率由每千碱基对（kb）约 1.9 个错误碱基降至低于 0.19 个错误碱基。该成果获得"安徽省专利金奖""安徽省科技进步奖"各 1 项。项目执行期间，以公司为主要起草人的国家标准有 3 项，分别为《酶制剂分类导则》《磷酸化标记核酸检测通则》《质粒抽提及检测通则》。申报专利共 14 项，获得发明专利 1 项，实用新型专利 6 项，软件著作权 11 项。近三年发表论文 13 篇。2018 年 9 月，"基因合成及测序重大新兴专业专项"入选安徽省"三重一创"重大新兴产业专项项目。

（三）项目成效

"COC 芯片高通量基因合成技术"项目承担单位通用生物公司充分利用相关资源、扩大科技对外影响，积极寻求合作，解决关键技术问题，在增强自主创新能力、推动技术转移和产业化、培养本土人才等方面取得显著成效。国际科技合作计划经费不断增加，借助与本省建立稳定合作关系的国外友好科研机构等，不断拓宽合作渠道，巩固和发展对外科技合作关系。

项目提升了公司在重点领域关键技术的创新能力，解决了合成生物学领域低成本、高通量的基因合成和蛋白质表达的精确调控难题，以满足对基因/基因组水平大片段 DNA 的大规模、高效、低成本合成与组装的要求。项目契合《"十三五"生物技术创新专项规划》中"专栏 1：颠覆性技术，满足对基因/基因组水平大片段 DNA 的大规模、高效、低成本合成与组装"的要求，行业带动和示范意义明显。

项目产品技术主要出口国家有德国、英国、法国、西班牙、葡萄牙、瑞士、瑞典、日本、韩国、印度、澳大利亚、阿根廷、智利、墨西哥以及南非等，促进了"一带一路"国家的经济和技术发展。

# 第六章 安徽省国际科技合作人文交流

## 第一节 国际科技合作人文交流概述

### 一、国际科技合作人文交流的内涵

国际科技合作人文交流分为科技交流和人文交流，具体而言，科技交流一般包含科技合作、科技培训、科技人员交流等，其目的是加强各国之间在科技领域的沟通合作，通过寻找利益共同点、进行科技资源共享、协同创新等共同解决科技问题或促进科技进步。人文交流一般包含人员交流、思想交流和文化交流，其目的是增进各国人民之间的相互认识与了解，从而塑造区域文化认同、价值认同。

### 二、国际科技合作人文交流的意义

科技人文交流是"一带一路"倡议的重要内涵之一，既是促进科技界"民心相通"的重要纽带，也是推进实施"一带一路"倡议的重要驱动力。加强科技人文交流可以促进各国之间的相互了解，增强彼此之间的合作，促进地区之间的文化融合。科技人文交流的核心关键是开展多层次、多领域的人文合作交流，努力推进不同文明的相互理解，推动形成各国民众相知相亲、各国科技友好互助的和平发展格局。

具体而言，首先，加强国际科技合作人文交流有利于增进"一带一路"沿线国家的文化共识和社会共识，通过人文与科技的交流有利于使政治环境、自然环境、经济环境等都十分迥异的国家产生共同话语，拉近彼此之间的感情，实现心相通然后民相亲，民相亲然后国相交。其次，加强国际科技合作人文交流有利于形成互学互鉴、互利共赢的区域协同创新格局。作为科技合作人文交流中重要的一部分，科技创新在"一带一路"建设中意义非凡。应当意识到科学技术是第一生产力，通过推动国际合作加强国际研发来形成科技创新共同体。最后，加强国际科技人文交流有利于为中国以及其他沿线国家提供一定的智力及技术支持。深化国际科技人文交流，通过人才计划、培训班等模式与沿线各国共同培养高素质人才，强化国际合作研究，促进科技资源的沟通利用，促进沿线国家的共同繁荣和可持续发展。

### 三、国际科技合作人文交流的发展

2016年9月，为贯彻落实《推动共建丝绸之路经济带和21世纪海上丝绸之路的愿景与行动》，全面发挥科技创新在"一带一路"建设中的引领和支撑作用，打造发展理念相通、要素流动畅通、科技设施联通、创新链条融通、人员交流顺通的创新共同体，科技部、国家发展改革委、外交部、商务部会同有关部门编制了《推进"一带一路"建设科技创新合作专项规划》，该规划中明确提出我国现阶段的短期目标是用3～5年时间，夯实基础，打开局面。科技人员交流合作大幅提升，来华交流（培训）的科技人员达到150000人次以上，来华工作杰出青年科学家人数达到5000名以上。安徽省积极响应国家号召，积极开展国际科技人文交流。习近平主席在2017年5月14日的"一带一路"国际合作高峰论坛开幕式上更是特别强调："中国愿同各国加强创新合作，启动'一带一路'科技创新行动计划，开展科技人文交流、共建联合实验室、科技园区合作、技术转移4项行动。我们将在未来5年内安排2500人次青年科学家来华从事短期科研工作，培训5000人次科学技术和管理人员，投入运行50家联合实验室。"据统计，2018 年和 2019 年，依托中国科技部、中国科学院等部门的国际合作项目平台，中国共支持 800 余名"一带一路"共建国家青年科学家来华开展短期科研；举办了 146 个培训班，累计培训"一带一路"共建国家学员 2100 余人。

目前，安徽省开展"一带一路"国际科技合作人文交流的模式主要有两种，分别是国际杰出青年科学家来华工作计划和发展中国家技术培训班。前者主要是与沿线国家共同培养科技人才，扩大杰出青年科学家来华工作计划规模；后者主要是广泛开展先进适用技术、科技管理与政策、科技创业等培训。

# 第二节　国际杰出青年科学家来华工作计划

### 一、国际杰出青年科学家来华工作计划概述

国际杰出青年科学家来华工作计划（以下简称"国际杰青计划"）自 2013 年由科技部启动，用于资助发展中国家杰出青年科学家、学者和研究人员来我国科研机构、高校和企业开展科研及科技政策工作，是中国"科技伙伴计划"的重要内容。在 2017 年"一带一路"国际合作高峰论坛上，中国启动实施"一带一路"科技创新合作行动计划，内容包括实施"一带一路"科技人文交流行动、"一带一路"联合实验室行动、"一带一路"科技园区合作行动和"一带一路"技术转移行动四方面内容。国际杰青计划正式成为"一带一路"科技人文交流行动重要工作内容。

国际杰青计划旨在落实"一带一路"科技创新行动计划，促进中国同其他发展中国家的科技人文交流，合作培养青年科技领军人才，巩固科研机构、大学与企业的长期合作关系，搭建青年科技人文交流平台，促进务实国际科技合作。打好科技"特色牌"，讲好"中国故事"，培养一批互知互信的科技人才。国际杰青计划的主办方秉承互学互鉴的"丝绸之路"精神，促进与沿线国家

"民心相通"，为科技创新合作奠定人脉和理念基础。该计划主要面向来自亚非地区、欧亚地区、中东欧地区、拉美地区等地区，年龄在45周岁以下，具有5年以上科研经验或者博士学位的杰出青年科学家、学者和研究人员，由中国科学技术部划拨专项经费，支持他们到我国科研院所、大学和企业开展6个月至1年的科研工作。目前安徽省科技部门尚未在省级层面设立该项计划。本章节主要对2014～2019年度国际杰青计划在安徽的执行情况进行分析。

### 二、安徽省国际杰青计划总体情况

2014～2019年，共有32名青年学者参加国际杰青计划来安徽工作，分别在安徽省农业科学院植物保护与农产品质量安全研究所、安徽微威胶件集团有限公司、安徽荃银欣隆种业有限公司、安徽农业大学、安徽省农业科学院、安徽工业大学等研究所、企业以及大学担任研究员、助理研究员、副教授等职务开展工作，共立项32项。以下将从国际杰青计划来皖青年学者的国籍地区、研究内容所属的学科领域以及所在单位性质展开详细分析。

（一）国际杰青计划来皖学者的国籍地区

国际杰青计划来皖的青年学者主要来自亚洲和非洲地区，此外还有几位来自北美洲，除此之外世界其他地区则无学者来皖参与国际杰青计划。具体来看，来皖亚洲青年学者的数量最多，占所有来皖青年学者数量的62.50%，为20人；来自非洲的有9人，占总量的28.13%；来自北美洲哥斯达黎加的有3人，占总量的9.37%，如图6-1所示。

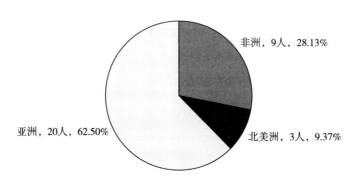

图6-1 2014～2019年国际杰青计划青年学者所属大洲情况

2019 年，来自埃及开罗大学的 Abdallah Soubhy Ali Abdraboh 博士和来自越南河内科技大学的 Ha Minh Ngoc 博士分别获得了科技部国际杰青计划支持，在安徽工业大学化学与化工学院韩新亚研究团队进行了为期 1 年的交流访问。其中，Ha Minh Ngoc 博士还是首次获得科技部国际杰青计划项目支持的越南籍科学家。此次国际杰青计划的执行，一方面提升了安徽工业大学服务"一带一路"倡议的影响力，推进了化学与化工学院师资国际化和国际联合研究进程；另一方面为中埃、中越青年科学家搭建了优质的合作研究与交流平台，为外籍青年学者提供了深度体验徽州文化等中国传统文化的窗口，促进了安徽乃至中国与埃及、越南的科技人文交流，巩固了双方长期稳定的科技合作伙伴关系。从中埃和中越的缩影中可以看到，国际杰青计划为中国和"一带一路"沿线等国家间的科技人文交流提供了良好契机。

（二）国际杰青计划来皖学者的数量变化

2014～2019 年，通过国际杰青计划来皖的青年学者数量在整体呈现出一个逐渐增长的趋势，2014～2017 年增速较为缓慢，从一年 3 位上升到了 5 位，2018 年时到达近几年顶峰，一年内有 10 位国际杰青来皖工作，2019 年时稍有回落，但仍有 7 位，相较之前增幅明显。如图 6-2 所示。

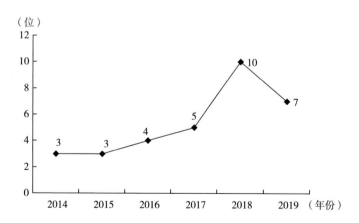

**图 6-2 2014～2019 年国际杰青计划青年学者来皖数量分析**

2014～2019 年参加国际杰青计划来安徽工作的青年学者人数稳步上升，影响力逐渐扩大，这体现着安徽省不断吸引越来越多的国际青年学者来皖工作，这也表明随着"一带一路"科技人文交流行动计划的不断推进，国际杰青计划也在不断创新，在深化与相关国家科技人文交流方面发挥着越来越重要的作用。习近平主席在博鳌亚洲论坛 2018 年年会开幕式上的主旨演讲强调，中国人民将继续扩大开放、加强合作，坚定不移奉行互利共赢的开放战略，坚持引进来和走出去并重。国际杰青计划便很好地体现了安徽省对于优质人才"引进来"战略的深切落实。

（三）国际杰青计划来皖学者的学科领域

国际杰青计划来皖青年学者所属的学科领域包括现代农业、新材料、生物医药及健康、化学。其中主要是现代农业，在来皖学者的 32 人中共有 23 人所属的学科领域为现代农业，占比高达 71.88%，位列第一，显著高于位列第二的生物医药及健康领域（生物医药及健康领域有 7 名学者，占比 21.88%）；新材料领域和化学领域各有 1 名学者，各自占比 3.12%，如图 6-3 所示。

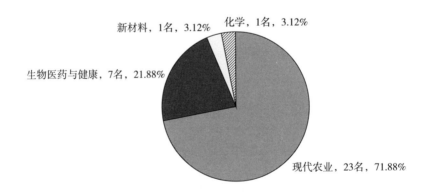

图 6-3 2014～2019 年国际杰青计划实施情况分析

各领域之间差异较为显著，之后在重点发展优势领域的同时也应当对其他领域加强重视，在巩固传统国际合作优势的基础上，不断拓展与国际高水平科研机构、"一带一路"周边国家的联系与合作。

（四）国际杰青计划来皖学者的单位性质

国际杰青计划来皖青年学者所去单位的单位性质主要有高校、科研院所以及企业。来皖的 32 名青年学者中有 18 名在科研院所工作，占总数的 56.25%，位列第一；其次是在企业工作的有 8 名，占总数的 25.00%；在高校工作的较少，有 6 名，占总数的 18.75%，如图 6 - 4 所示。由此看来，国际杰青计划中来皖青年学者所去单位的单位性质主要是科研院所，在高校和企业的分布比较均衡，差别不大。

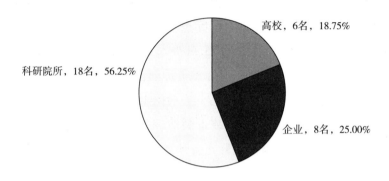

**图 6 - 4　2014～2019 年国际杰青计划青年学者所属单位类型情况**

### 三、安徽省国际杰青计划的现存问题及建议

国际杰青计划来皖学者为所在企业注入了新的活力和生机，以安徽省农业科学院园艺研究所为例，该科研院所主营业务为果树、蔬菜技术研究，其在 2014～2019 年引进了 18 名杰出青年，其中属于现代农业领域的有 15 名，属于生物医药与健康领域的有 3 名，该院所表示：要充分利用当下对外科技合作的良好形式，选派团队科技骨干赴国外进行短期学术交流、中长期访学交流，加强团队人才培养；同时通过参加国内外学术交流会议、科技论坛等活动，积极与国外专家和机构联系，利用国家和省对外合作交流项目引进国外知名院校、公司的专家与技术，提升本地科技力量，实现技术创新，建立起对外合作的桥梁。通过"走出去"与"引进来"相结合的方式，构建自己的专家库，为持续进行更广泛、更深入的对外合作交流奠定基础。但与此同时也应当注意到，目前安徽省发展中国家培训班运行过程中仍存在一定的问题，本节将对现存问题

进行详细分析，并提出相应政策建议。

（一）安徽省国际杰青计划的现存问题

1. 合作国别比较有限

2014～2019 年，国际杰青计划在皖总体实施情况较好，六年间共有32 名青年学者来安徽工作，但在学者的国籍和来源上表现较为单一，主要是亚洲地区，非洲地区虽然有学者来皖，但数量较少，其他地区则没有学者参与国际杰青计划，且就国家来看，参与国际杰青计划的国家集中在埃及、巴基斯坦、缅甸三个国家，占到了总数的75.56%。就全国范围内国际杰青计划实施成果来看，截至2019 年4 月，国际杰青计划在全国范围内已累计接收来自39 个国家共694 人次的外国青年学者，在我国16 个省、市科研院所和大学开展农业、医疗、物理、生态环境、装备制造等领域的合作研究，平均每省约为43 人次。由此看来，安徽的国际杰青计划实施力度与全国平均水平还有一定差距。

2. 在皖青年学者学科领域极不平衡

国际杰青计划的来皖青年学者所属的学科领域主要是现代农业，在生物医药及健康、新材料和化学领域有少数学者涉及，其他各学科均无涉及，由此可见，安徽省的国际杰青计划中来安徽工作的国际青年学者在学科领域分布上极不平衡。

（二）安徽省国际杰青计划的建议

1. 丰富合作国别

对外交流合作的基础是同国外相关领域科研机构和专家建立联系。因此，为积极促进"一带一路"国际合作，努力实现政策沟通、设施联通，打造国际合作新平台，增添共同发展新动力，安徽省实施杰青计划应该着眼全盘，丰富合作国别，向"一带一路"众多沿线国家聚焦目光来吸引人才，提升科技人文交流的广度。

2. 综合发展多学科领域

针对安徽省国际杰青计划目前学科领域分布极不平衡的现状，在之后的发展中应当考虑到多学科领域协同发展，在电子信息、高端装备制造、新能源与节能环保等主要学科领域加强人才交流，在主要学科领域上努力做到不偏科、不缺才。另外，对大数据、人工智能热点新兴领域也要加强重视，促进人才横向流动，吸引多学科、多领域的国外青年学者来安徽工作。

3. 博采众长提升自身实力

安徽省有关单位和部门应当清楚认识到自身研究领域国内外发展状况和未来发展趋势，查找不足，找准产业发展亟待解决的问题，对症下药，有针对性地向国内外寻找专家和技术支持，开展合作交流，实现"洋为中用"。通过搭建青年科技人文交流平台，合作培养青年科技领军人才，构建科研机构、大学与企业创新合作关系，促进科技合作交流行稳致远，走深走实。

# 第三节　发展中国家技术培训班

## 一、发展中国家技术培训班概述

发展中国家技术培训班自 1989 年由科技部启动，该计划由科技部组织为受援国举办各种形式的技术人员短期培训班，是科技援外的重要形式之一。根据 2016 年科技部印发的《发展中国家技术培训班管理办法》第三条规定，培训班的目的是配合国家总体外交工作需要，以国家科技发展战略为目标，积极落实领导人承诺，充分体现政府间科技合作特点及科技援外特色；紧密围绕科技援外的整体部署，促进我国与发展中国家的科技合作与人文交流；以增强发展中国家科技促进经济社会发展的能力为目标，培养中高端专业技术人才，传授先进适用技术，促进发展中国家的科技水平提高、科研能力建设和产业技术进步；配合我国与主要发展中国家科技伙伴计划、重点科技援外项目及国际科技合作基地工作；积极宣传和展示我国科技发展的成就、水平和经验，促进重点科技企业和科研机构"走出去"。

自改革开放以来，我国科学技术迅速发展，很多实用技术适合发展中国家的需求，能在发展中国家推广应用，助推其技术水平提升，促进全球的科技和经济共同发展，这一点为广大发展中国家所认可。尤其值得关注的是，"一带一路"倡议为培训班的举办注入了新的动力，来自广大发展中国家的学员将成为连接中国与世界的"创新使者"，通过开放创新，共同书写人类美好的未来。目前，安徽省科技部门尚未在省级层面设立该项计划，本章节主要对 2016～2019 年度发展中国家技术培训班在安徽省立项项目的情况进行分析。

**二、发展中国家技术培训班总体情况**

2016～2019 年，安徽省内有关单位在中国科技部、中国外交部、安徽省科技厅等部门的支持和帮助下，共培训了来自埃及、埃塞俄比亚、巴基斯坦、泰国、哥斯达黎加、萨尔瓦多、洪都拉斯、津巴布韦等 19 个国家的 77 名科研人员、教授、农企负责人和政府官员。共举办了 6 届发展中国家培训班，培训班名称分别为蔬菜优良新品种新技术示范与推广国际培训班、交通信息管理系统应用与推广国际培训班、蔬菜优良新品种新技术示范与推广国际培训班、交通信息管理系统应用与推广国际培训班、针对拉美国家瓜菜新优品种选育及配套技术应用与示范国际培训班、针对拉美国家智慧农业应用与示范国际培训班，前三个培训班的地点均位于安徽省合肥市，第四个培训班的培训地点位于安徽省合肥市和宁夏回族自治区银川市，最后两个培训班的培训地点均位于哥斯达黎加。6 届培训班的培训人数均为 20 人左右，培训天数为 20 天左右。以下将从发展中国家培训班所属领域情况、培训班学员分布以及学员学历方面详细展开分析。

（一）发展中国家培训班所属领域情况

在 2016～2019 年举办的 6 届发展中国家培训班中属于现代农业领域的有 4 届，占总数的 66.67%，位居第一，这与安徽省国际杰青计划中引入的青年学者所属该领域的比重大致相当；属于信息技术领域的有 2 届，占总数的 33.33%；而其他学科均无任何涉及，学科领域非常单一，如图 6-5 所示。

中国是一个人口众多、资源并不富裕的发展中国家。在新世纪里，加强与其他发展中国家在科技、经济等领域的合作，比以往任何时候都更加迫切和重要。对有关国家来说，这样的合作有利于充分发挥各自优势，摆脱贫困和落后，加快经济发展，造福于人民；有利于增强它们的国际竞争力和抵御风险的能力，更好地参与经济全球化进程，维护经济利益和经济安全，提高其在南北对话中的地位。

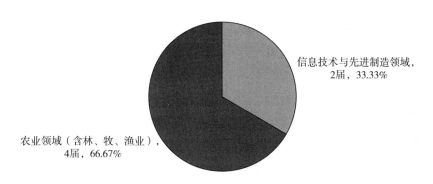

图6-5 发展中国家技术培训班领域情况分析

（二）发展中国家培训班学员国籍分布

在学员的国籍分布上，2016~2019年四年间共有77名学员，其中来自南美及中美洲（拉丁美洲地区）的学员有32名，占总数的41.56%，位居第一；数量第二的是来自亚洲的学员，有25名，占总数的32.47%；数量第三的是来自非洲的学员，有19名，占总数的24.67%；数量最少的是欧洲学员，仅有1名，占总数1.30%，如图6-6所示。

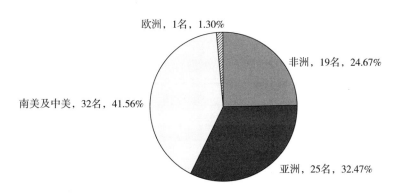

图6-6 发展中国家技术培训班学员所属地区分布情况

安徽省组织开展发展中国家培训班生源方面总体情况较好，学员的国籍地区构成比较丰富，共有来自四大洲的 19 个国家的 77 名学员，除大洋洲外学员国籍地区分布遍及世界，如表 6 - 1 所示。同时，有重点地集中于发展中国家聚集地区，拉丁美洲地区、非洲地区、亚洲地区（尤其是南亚和东南亚）等发展中国家聚集的地区则多有涉及，很少涉及欧洲、北美洲发达国家。具体而言，来自哥斯达黎加的学员最多，有 20 名，占到总数的 25.97%；来自孟加拉国的有 8 名，占到总数的 10.39%；来自埃及、巴基斯坦的各有 6 名，均占总数的 7.79%，符合发展中国家培训班的总体重点。此外，来自萨尔瓦多的有 3 名学员，该国于 2018 年 8 月 21 日与中国建立外交关系，发展中国家培训班计划向其树立了良好的中国援外形象，为加快实施我国针对拉美的合作发展战略起到积极作用。

表 6 - 1 培训人员国籍分布情况

| 国籍 | 数量（人） | 百分比（%） |
| --- | --- | --- |
| 埃及 | 6 | 7.79 |
| 埃塞俄比亚 | 5 | 6.49 |
| 巴基斯坦 | 6 | 7.79 |
| 厄瓜多尔 | 2 | 2.60 |
| 法国 | 1 | 1.30 |
| 哥伦比亚 | 1 | 1.30 |
| 哥斯达黎加 | 20 | 25.97 |
| 古巴 | 3 | 3.90 |
| 洪都拉斯 | 2 | 2.60 |
| 津巴布韦 | 1 | 1.30 |
| 蒙古 | 4 | 5.19 |
| 孟加拉国 | 8 | 10.39 |
| 摩洛哥 | 2 | 2.60 |
| 墨西哥 | 1 | 1.30 |
| 萨尔瓦多 | 3 | 3.90 |
| 斯里兰卡 | 1 | 1.30 |

续表

| 国籍 | 数量（人） | 百分比（%） |
|------|------|------|
| 苏丹 | 5 | 6.49 |
| 泰国 | 4 | 5.19 |
| 越南 | 2 | 2.60 |
| 合计 | 77 | 100.00 |

（三）发展中国家培训班学员学历

2016~2019 年 4 年间安徽省发展中国家培训班全部 77 名学员中，硕士学历的学员最多，有 35 人，占总数的 45.45%；本科学历的学员有 26 人，占总数的 33.77%；博士学历的学员有 16 人，占总数的 20.78%。这说明，安徽省组织开展发展中国家培训班的学员总体文化教育水平较高，全部为本科及本科以上学历。如图 6-7 所示。

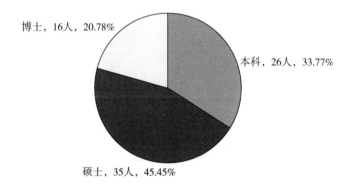

图 6-7  培训人员学历分布情况

2018 届国际培训班哥斯达黎加学员 María Cristina Vargas 研究员通过科技部国际杰青计划来华进行为期 6 个月的分子育种交流合作，获批安徽省首个高端外国专家签证（R 类），并受邀参加中国农科院、中国科学技术大学先进技术研究院、安徽省农科院等组织的多次学术座谈，为中哥农业高层次人才交流打开了一扇大门。

### 三、安徽省发展中国家培训班现存问题及建议

发展中国家培训班计划对于"一带一路"的建设具有深远意义，以 2018～2019 届国际培训班为例，这两届培训班在哥斯达黎加首都圣何塞举办，在中国驻哥斯达黎加大使馆、安徽省科技厅和哥斯达黎加大学的协助下，先后以"针对拉美国家瓜菜新优品种选育及配套技术应用与示范"和"针对拉美国家智慧农业应用与示范"为培训主题，邀请中外教授共同授课，共培训了来自哥斯达黎加、古巴、墨西哥、萨尔瓦多、厄瓜多尔、洪都拉斯、巴拿马、尼加拉瓜 8 个国家的 61 名学员。作为我国首个在中美洲地区举办的官方性质培训班，在打开拉美合作大门的同时，为实现该地区农业可持续发展、农民脱贫致富和带动我国现代农业走入拉美贡献了力量。但与此同时也应当注意到，目前安徽省发展中国家培训班运行过程中仍存在一定的问题，本节将对现存问题进行详细分析，并提出相应的政策建议。

（一）安徽省发展中国家培训班的现存问题

1. 承办单位较为单一

从承办单位来看，安徽江淮园艺种业股份有限公司和安徽科力信息产业有限责任公司承担了 2016 年至今的所有 6 届培训班。在此期间，安徽荃银高科种业股份有限公司、安徽农业大学、安徽四创电子股份有限公司、安徽省祁门县蛇伤研究所分别在现代水稻玉米和大豆实用栽培技术、高效蚕桑技术、气象监测及空中交通管理技术、蛇伤急救及重危症救治新技术方面提出办班申请，但未获科技部立项。这导致了安徽省内发展中国家培训班的承办单位较为单一。

2. 培训班领域较为单一

培训班领域主要是现代农业和电子信息，领域比较单一，其他学科均无涉及，这不利于其他领域学科知识的交流沟通。

（二）安徽省发展中国家培训班的建议

1. 鼓励承办单位多元化

安徽省目前承办发展中国家培训班的单位较少，2016～2019 年仅有两家，之后应当大力鼓励其他单位积极申办、不断创新，通过承办单位的多元化来扩

大发展中国家培训班在皖的影响力。要着力用好两种资源、两个市场，加快推进科技和产业的开放与合作，积极主动整合和利用全球创新资源。要着力调动人才积极性，加快打造支撑创新发展的人才高地，建设一支规模宏大、结构合理、素质优良的创新人才队伍。

2. 大力扩展培训班领域

建议有条件的办班单位在生物医药及健康、新材料、新能源及节能环保等领域进行谋划办班，使安徽省发展中培训班活动能更好地促进安徽省"一带一路"人文科技交流。

# 第四节　安徽省国际科技合作人文交流典型案例：安徽省农业科学院植物保护与农产品质量安全研究所

安徽省农业科学院植物保护与农产品质量安全研究所一直高度重视国际杰青计划工作，把引进"国际杰青"作为该所参与国际合作的突破口之一。

## 一、国际科技合作总体情况

截至 2020 年底，安徽省农业科学院植物保护与农产品质量安全研究所精心挑选了亚非国家的"国际杰青"13 人次前往该所合作研修。接收的"国际杰青"多是毕业于世界名校，或来自国家倡导的"一带一路"沿线国家。其中，来自埃及的 Mohamed Alattala 博士和来自缅甸的 Ei Phyu Kyaw 博士均两次来所工作，与该所建立了良好的合作关系。

## 二、国际科技合作历程及主要做法

（一）合作背景

科技部 2013 年启动"亚非杰出青年科学家来华工作计划"后，安徽省农业科学院植物保护与农产品质量安全研究所积极主动争取，在省科技交流中心的指导、帮助下，在院科研处、人事处等部门的关心、支持下，从 2014 年开始陆续承担了 13 项国际杰青计划。

（二）合作过程

1. 高度重视、合理安排

外交无小事，自 2014 年接收第一批"国际杰青"来所工作后，该所一直高度重视把"国际杰青"作为该所参与国际合作的突破口之一，鼓励各课题组积极争取，并多次召开会议讨论如何吸引"国际杰青"、如何充分发挥他们的作用。每位"国际杰青"到岗后，该所都会根据他们的学习背景和愿望将其安排到不同课题组，并分别指定政治素质高、英语和业务水平均较好的专家作为其指导老师。指导老师再根据他们的工作基础和能力特长安排工作。

2. 精心挑选、合理使用

由于近两年申请来该所工作的"国际杰青"人数众多、能力素质等参差不齐，因此，一方面，该所利用国际会议等机会积极推介"国际杰青"计划及该所优势，商请有关专家推荐优秀人才申请该所岗位；另一方面，该所又对每个岗位的申请人进行仔细考察、精心挑选，尽可能选择适合该所岗位现实需要或未来发展需要的优秀人才。由于不同国家"杰青"的技能不同，因此，除安排每个人的实验外，根据其特长合理分工，如英语水平较好的，让其在科研论文的英文表述上提出建议；动手能力强、踏实肯干的，更多地让他们从事一些可操作性强的工作。

3. 加强管理、做好服务

为加强、规范对"国际杰青"的管理，该所指定了专人负责外事联络等工作，并在 2014 年制定了所里的《外籍人员工作制度和管理制度》，对外籍人员在所期间的工作、生活等明确了具体要求。在"国际杰青"到岗后告知他们相关注意事项，并与每位"国际杰青"签订工作协议，除明确责权外，还要求他们必须遵守院、所及外事部门的相关管理办法，如每次出入合肥都必须及时报告课题组，再由课题组成员向辖区派出所报告；必须参与课题组或所里的学术活动，定期、不定期地进行学术交流（一般每半年让他们作一次学术讲座，交流学习工作情况、汇报工作进展）；此外，还积极邀请他们参与院里的学术交流活动，通过这些活动，很好地促进了国际文化和学术交流，增进了大家的感情。该所尊重"杰青"们的民族宗教生活等习惯，但要求他们参加宗教集会等活动时要提前报告。

在服务方面，该所除了在工作上为"国际杰青"指定导师外，还为他们配置了专门的办公室，要求他们不做实验时统一办公。在生活上，所里也尽可能为他们做好相关服务，为他们提供力所能及的帮助，除了派专人帮他们办理各种繁杂的手续外，该所还会在每位"杰青"入境前根据他们的需要，帮助他们提前寻找房源，通过网络让他们初步确定，确保他们到后就能及时得到安顿，既能帮他们节省住宾馆的开支，又能省去很多麻烦，使他们能尽快适应院内生活等；为减少他们与房东间可能产生的不必要的纠纷，房屋一般在他们现场认可后，再由所里将房屋租下，"分配"给他们居住。尽管还是由他们支付房租，但因房屋是由研究所承租，因此，可大大降低他们与房东直接产生矛盾的风险。此外，在学习中文、购物、旅行等方面也尽可能给他们提供帮助，让他们充分感受到中国人民的热情好客，增加对中国的好感。

（三）合作亮点和成效

1. 提升了该所的科技水平

该所一直是国际合作的实践者，也是国际合作的受益者。多年来，获批的13项"发展中国家杰出青年科学家来华工作"项目，不仅帮该所引进了许多新技术、新材料，还提升了该所研究水平。该所分别与缅甸教育部研究与创新系生物技术研究部、埃及沙漠研究所、巴基斯坦信德农业大学等多家"一带一路"沿线国家研究机构签订了国际合作协议，接收的"国际杰青"全部参与到依托单位承担的国家自然科学基金、国家重点研发计划、农业部公益性行业科研专项等项目中。其间，该所共发表学术论文近200篇，其中与"国际杰青"合作发表的学术论文已达21篇，其中SCI收录18篇。此外，该所2020年主持获得安徽省科技进步一等奖1项；2019年主持获得农业农村部全国农牧渔业丰收二等奖和安徽省科技进步二等奖各1项，同时参与获得江西省科技进步一等奖1项、农业农村部农牧渔业丰收合作奖1项、二等奖1项，2018年参与获得国家科技进步二等奖 1 项。与"国际杰青"的合作对这些成绩的取得都有重要影响。

**实例一：**

2015～2019 年，来自缅甸科技部生物技术研究所的 Tin Myat Swe 博士、Ei Phyu Kyaw 博士和 Myat Phyu Khine 博士通过"发展中国家杰出青年科学家来华工作计划"开展学术交流合作。其间，3 位博士分别开展了安徽省中药材病害、大豆病害和小麦病害的病原菌分离、鉴定和致病性测定；针对安徽省的小麦赤霉病菌株开展了氰烯菌酯、戊唑醇、嘧菌酯和吡唑醚菌酯 4 种杀菌剂抗药性评价；针对安徽省普遍发生的小麦根腐病、大豆根腐病等作物土传病害开展了低毒、高效拌种剂配方的筛选。研究成果为安徽省中药材、小麦和大豆根部病害的科学防治提供了理论依据。同时，由于缅甸在病害诊断和病害防治方面的研究基础薄弱，通过合作研究，来华青年科学家的植物病害研究理论技术水平得到提升，推动了该所植物病害诊断技术输出。相关研究成果为他们发表学术论文 5 篇，其中 SCI（1 区）论文 3 篇。

**实例二：**

Mohamed Nashaat Mohamed Abdo Alattala 博士在西北农林科技大学获得植物病理学博士学位，长期在埃及沙漠研究中心农业与土壤复垦部植物保护学科担任研究员，对植物保护的研究工作具有扎实的科研基础。通过"发展中国家杰出青年科学家来华工作计划"于 2016 年及 2018 年分别来该所交流合作一年。其间，Mohamed Nashaat Mohamed Abdo Alattala 博士针对中埃的主要农作物水稻及日常水果梨作为研究对象，开展共性重大病害——稻曲病及梨黑斑病的可视化快速检测技术研究。该技术对于病害的早期诊断及进出口检验、检疫都具有实际的应用价值，研究成果发表在美国的 *Plant Disease*（SCI 一区）杂志上。双方具有很好的合作基础，除了在 *Plant Disease* 上共同发表的论文 2 篇，尚有几篇合作论文已获得 SCI 接收。

**实例三：**

2016 年 7 月至 2017 年 7 月，来自巴基斯坦阿卜杜勒瓦利汗大学的 Farman Ali 博士通过"发展中国家杰出青年科学家来华工作计划"来该所工作一年。

其间，在 Farman 博士与该所研究人员合作下，从安徽省林地土壤中分离出两种可用于昆虫防治的生防线虫，其中一种——Oscheius tipulae 在我国属首次发现，此项研究填补了安徽省昆虫生防线虫研究的空白，对于安徽省生态学和植物保护学研究具有重要意义。另外，在华期间，该所研究人员与 Farman 博士共同开展了小麦孢囊线虫病综合防治研究，共同研发了兼治小麦孢囊线虫和小麦根腐病的小麦拌种剂。

2. 促进了该所平台和项目的申报

由于承担过多项"发展中国家杰出青年科学家来华工作"项目以及其他国际合作项目的经验，该所成功获批了安徽省国际科技合作基地"安徽省农作物病虫害绿色防控技术国际联合研究中心"；申报的 2 项科技部高端外国专家引进计划项目（外国青年人才计划项目）获得安徽省科技厅资助，聘请埃塞俄比亚生物技术研究所的 Birhan Addisie Abate 博士和巴基斯坦信德农业大学 Wajid Ali Jatoi 博士；同时，该所 2020 年还获批国家自然科学基金 5 项、省自然科学基金 4 项。

3. 开阔了该所科技人员的国际视野

该所积极开展学术交流活动。每个团队每 2 周举办一次 Workshop，每半年举办一次 Seminar，不仅要求每位"国际杰青"做 PPT 交流，还要求其他科技人员汇报交流。通过学术活动，不同学术背景的科技人员研讨工作进展及发现的问题，科技人员能更及时地了解到学科的国际动态，活跃了思维，开阔了视野，促进了学科的优化，同时也培养了该所的人才，其中有 1 人成为省学术与技术带头人，有 2 人获国务院特殊津贴。

### 三、国际科技合作经验与展望

推动"亚非杰出青年科学家来华工作计划"，有助于促进合作双方实现科技创新互利共赢，对强化国际科技合作意义重大。

（一）为该所的技术输出奠定基础

通过"国际杰青"计划，合作双方依托科研项目合作一年，既可以为第三世界国家培养人才，也能为单位的成果输出奠定基础。

（二）有助于建立长期合作关系

该所与归国后的"国际杰青"仍保持良好的业务交流与合作关系。例如，来自巴基斯坦的 Farman Ali 博士归国后与该所科研人员继续合作开发了植物寄生线虫快速检测技术，相关研究成果发表在 *Plant Disease* 上。当问及对于来华工作的感受时，Farman Ali 博士表示"'国际杰青'计划是一个非常成功的项目，求职者在工作中和回国后都会受益匪浅。最重要的是，通过这个项目，发展中国家和中国研究机构之间建立了长期合作关系""'国际杰青'计划塑造了一个年轻科学家交流的平台，包括我在内的研究者在项目完成后，在自身工作方面更加得心应手"。2014 年 10 月至 2015 年 9 月，来自巴基斯坦的 Wajid Ali Jatoi 博士在该所访问学习，主要从事不同小麦品种抗虫性分析。通过为期一年的学习，基本掌握了 PCR、凝胶电泳、RAPD 等分子生物学技术，为其回国后的科研工作奠定基础。2015 年 11 月，Wajid Ali Jatoi 博士获得了信德农业大学植物遗传与育种学院的助理教授（BPS－19）职位；2018 年 2 月，转为助理教授（BPS－20）职位。回国后，其一直从事作物抗逆育种的工作，先后发表论文十余篇。2019 年，在 *Fresenius Environmental Bulletin* 上与该所合作发表论文 1篇。2019 年，与该所合作申请科技部高端外国专家引进计划项目（外国青年人才计划项目），获得安徽省科技厅立项。

（三）有利于促进科研经验共享

从该所归国后的"国际杰青"能将科研经验和方法应用于实际工作中，也更容易得到晋升的机会。例如，来自缅甸的 Ei Phyu Kyaw 博士归国后表示："'国际杰青'计划项目对我有积极的影响。我从我在中国实验室所做的研究中获得了很多知识和经验。而且我可以应用这些经验，这对我的学术研究很有帮助，我得到更多的成功。我也把这些经验分享给了工作中的同事。"来自巴基斯坦的 Muhammad Abid 博士来该所工作前是微生物学助理研究员，2018 年 7 月至 2019 年 7 月在该所主要进行小麦赤霉病的抗药性研究及毒素检测等工作，这里的工作经验和成果帮助他回国后于 2020 年 8 月晋升为副研究员。

# 第七章 安徽省国际科技合作的
# 成就、机遇与挑战

## 第一节 安徽省国际科技合作取得的成就

作为中国的新国际战略框架，"一带一路"倡议着眼于构建开放发展新格局、践行合作共赢新理念的宏伟构想，对安徽省发展产生重大影响的同时，也给安徽省带来了多重发展机遇。2015 年 1 月，安徽省政府印发了《关于加强进口的实施意见》，其中明确提到，扩大"一带一路"国家进口，抓住国家重大开放战略机遇，鼓励企业向丝绸之路、海上丝绸之路沿线和长江经济带向西延伸的国家和地区进口重要资源和消费品。截至目前，安徽省在积极贯彻实施"一带一路"国际科技合作倡议的同时，也取得了重大的发展成就。

### 一、建设开放新高地

影响安徽经济社会发展的一个关键因素在于开放型经济发展不足，开放是安徽发展的必由之路。"一带一路"倡议的提出，为安徽省扩大对外开放、打造内陆开放新高地提供了难得的机遇。

（一）安徽（合肥）侨梦苑

作为综合性国家科学中心核心区和国家创新创业基地，合肥积极对接涉侨资源，于2016年建设安徽（合肥）侨梦苑。安徽（合肥）侨梦苑以卓越的人才优势和成本优势为依托，以高效创新政策和浓郁创新文化为引导，以宽广国际视野为格局，旨在打造一流的华侨、华人投资创业集聚区、高端人才聚合区、科技创新和产业发展集中区，是安徽省创新驱动发展中的一项重要内容。安徽（合肥）侨梦苑的建设分为启动区和集聚区。启动区位于合肥创新产业园，建筑面积约5万平方米，为创业初期的企业提供办公场所；集聚区规划在南岗科技园，规划面积约4.5平方千米，功能定位为产业集聚区、企业孵化区、人才交流区、综合服务区。除了向安徽（合肥）侨梦苑提供已有的高新区优惠政策外，合肥高新区还针对海外侨胞、侨商创业初期的困难特点，从办公地点、人才招聘、研发基金、厂房装修等方面提供"一揽子"支持。

（二）海外侨胞联络站

2016年4月，安徽省海外侨胞联络站在海外正式设立，前两批共建立30个海外侨胞联络站，主要集中在美、加、澳、新和欧、亚、非洲等国家和地区。海外侨胞联络站旨在加强安徽与海外侨团，特别是新生代海外华裔的联系，发挥海外侨胞在资金、技术、人才方面的优势，拓展海外合作版图。以海外侨胞联络站为中介，积极对接安徽省侨务资源，加强与"一带一路"国家侨团、侨商的联系和合作，借助海外侨胞助力安徽省经济社会发展。在助力安徽省经济发展的同时，海外侨胞联络站举办或引入多场文化演出，积极助推安徽文化走向海外。海外侨胞联络站在加强内引外联、促进双向信息沟通、畅通投资合作渠道方面发挥了积极作用，积极将侨胞联络站打造成安徽省对外合作的"超级媒介"。

**二、科技发展成就**

（一）科技合作院所及基地

随着"一带一路"倡议的深入实施，安徽省内各科研院校及工业企业不断加强同"一带一路"沿线国家的科技交流与合作。2012年，为加强省级国际科技合作基地建设，参照科技部《国家国际科技合作基地管理办法》，安徽省科技厅制定了《关于加强安徽省国际科技合作基地建设若干意见》。截至2019年底，安徽省现有研究与开发机构 7074 家，如表 7-1 所示。其中，88.9% 集中在企业，尤其是工业企业，而这些企业大部分都是"一带一路"倡议的受益者，同"一带一路"沿线国家有着紧密的科技和商业合作。

表 7-1　安徽省现有研究与开发机构数量与构成（截至 2019 年底）

| 类型 | 数量（家） |
| --- | --- |
| 1. 科研院所 | 91 |
| 2. 高等院校 | 632 |
| 3. 企业 | 6291 |
| 其中：工业企业 | 5874 |
| 其中：大中型工业企业 | — |
| 4. 其他 | 60 |
| 合计 | 7074 |

截至 2020 年底，安徽省共有科技企业孵化器 215 家，其中国家级 38 家，省级 75 家。孵化场地面积 459.98 万平方米；孵化企业总收入 218.46 亿元；在孵企业 6955 家，其中当年新增在孵企业 2229 家；累计毕业企业 4252 家，其中当年毕业企业 626 家。全省共有省级以上众创空间 220 家，其中国家级 53 家，省级 167 家。众创空间总面积达 59.4 万平方米，总收入达 1.8 亿元。众创空间服务人员达 3468 人，众创空间服务的创业团队人数达 3124 人，获得投融资的创业团队和初创企业分别达到 1194 个和 2284 个，众创空间内累计创业团队人数达 13149 人。全省拥有生产力促进中心 120 家，其中国家级示范生产力促进中心 6 家，共有从业人员总数 1744 人，总收入 4.72 亿元，主要为中小企业开展咨询诊断、信息、技术、培训、人才和技术中介等服务。全省共有省级以上技术转移服务机构 55 家，其中国家技术转移示范机构 12 家，中国创新驿站安徽区域站点 1 家，基层站点 4 家。

近年来，安徽省科技厅以国际科技合作平台建设为抓手，围绕安徽省农业、医学、新材料、新能源、先进装备制造等优势学科和产业，积极开展国际联合科学研究，取得了显著成效。截至 2020 年底，安徽省共有 5 家国际联合研究中心，它们作为高水平科技合作的重要基地，能有效地发挥国际科技合作在扩大科技开放与合作中的促进和推动作用，提升我国国际科技合作的质量和水平，发展"项目—人才—基地"相结合的国际科技合作模式，使国际科技合作基地成为国家在利用全球科技资源、扩大科技对外影响力等工作中的骨干和中坚力量，并对领域或地区国际科技合作的发展产生引导和示范效果（见表 7－2）。

表 7－2　安徽省国际联合研究中心

| 序号 | 名称 | 依托单位 | 所在市 |
|---|---|---|---|
| 1 | 压力容器与管道安全国际联合研究中心 | 合肥通用机械研究院 | 合肥 |
| 2 | 智能交通国际联合研究中心 | 安徽科力信息产业有限责任公司 | 合肥 |
| 3 | 电磁波空间应用国际联合研究中心 | 华东电子工程研究所 | 合肥 |
| 4 | 太赫兹器件研究与应用国际联合研究中心 | 安徽华东光电技术研究所 | 芜湖 |
| 5 | 水稻分子育种联合研究中心 | 安徽省农业科学院 | 合肥 |

（二）科技人文交流

近年来，安徽省与"一带一路"沿线国家和地区人文交流合作进一步加强，2014～2016 年"国际杰青"计划来皖青年学者人员数量仅为 3 人，2017～2019 年"国际杰青"计划来皖青年学者人员数量已经增长到 35 人，安徽省科技人才交流整体呈现出一个逐渐增长的趋势，安徽省境外知晓度、美誉度进一步提升，影响力逐渐扩大，吸引越来越多的国际青年学者来安徽工作。

此外，安徽省响应科技部的号召，积极组织开展发展中国家培训班，2016～2020 年，安徽省共举办 6 届发展中国家培训班，来自埃及、埃塞俄比亚、巴基斯坦、泰国、哥斯达黎加、萨尔瓦多、洪都拉斯、津巴布韦等 19 个国家的 77 名科研人员、教授、农企负责人和政府官员参加了培训。

安徽省创新环境的不断改善，也吸引着越来越多的专家学者来皖，如表 7－3 所示，2019～2020 年安徽省院士工作站、高层次科技人才团队都有较大幅度的增加。

表 7 - 3 　安徽省科技人力资源情况（2019～2020 年）

| 指标 | 单位 | 2019 年 | | 2020 年 | |
|---|---|---|---|---|---|
| | | 绝对数 | 较上年增长（%） | 绝对数 | 较上年增长（%） |
| R&D 人员折合全时当量 | 万人/年 | 17.5 | 19.0 | 19.5 | 11.4 |
| 每万就业人口中从事 R&D 活动人员 | 人/年 | 40.0 | 19.0 | 60.0 | — |
| 中国科学院院士 | 人 | 24 | 26.3 | 24 | 持平 |
| 中国工程院院士 | 人 | 13 | 18.2 | 13 | 持平 |
| "两院"院士 | 人 | 1 | 持平 | 1 | 持平 |
| 柔性引进院士数 | 人 | 332 | 12.5 | 355 | 6.9 |
| 省学术技术带头人数 | 人 | 859 | 16.2 | 859 | 持平 |
| 扶持高层次科技人才团队 | 个 | 220 | 29.4 | 274 | 24.5 |

随着与"一带一路"沿线国家展开日益密切的科技合作，安徽省在提升自己经济软实力的同时，也在不断地促进产业升级改造、城市布局优化，提高了省内各城市的国际声誉，不仅在自己的主场召开了中国中部投资贸易博览会和徽商大会等经贸推介活动，而且在对接重大外事活动和国家对外平台方面成果丰硕，中博会和徽商大会等经贸推介活动主场优势充分显现，世界制造业大会对促进安徽省开放发展意义重大，安徽（合肥）"侨梦苑"建设、"海外侨胞联络站"等涉侨资源得到充分利用。

# 第二节　安徽省国际科技合作所逢的机遇

### 一、国际和国内科技创新大环境的要求

从国际视角来看，经济和科技全球化的深度和广度正不断拓展，引发了世界政治、经济和产业格局的深层次变革。首先，科技对经济社会发展的支撑作

用在全球范围内重新调整和配置的步伐明显加快；其次，前沿技术正出现群体性突破并不断交叉融合，孕育着新一轮科技革命浪潮。

在国内方面，2017 年 5 月，习近平总书记在"一带一路"国际合作高峰论坛上明确将"创新之路"作为未来"一带一路"建设的五大方向之一，将科技创新合作提升到新高度。2018 年，习近平总书记进一步明确指出，"我们要百尺竿头、更进一步，在保持健康良性发展势头的基础上，推动共建'一带一路'向高质量发展转变"。积极开展与沿线国家的科技创新合作不仅有利于提高安徽省的经济发展水平，也有利于提高安徽省的科技交流和科研能力。因此，站在国际舞台中央的视角，加快科技创新合作新的顶层设计，开展有差别的科技分类合作，科学而有序地提升合作质量，促进安徽省高质量的发展，迫在眉睫。

**二、内陆开放新高地战略的必然要求**

2006 年《国家中长期科学和技术发展规划纲要》将国际科技合作提升到国家战略层面，提出国家对外科技合作的战略转变和重点合作领域。而"一带一路"倡议的实施更是联通世界，打开了我国对外科技合作的新格局，而处于"一带一路"和长江经济带建设重要节点的安徽，已站在对外开放的前沿，要以更加开放的姿态去拥抱世界。2018 年安徽省政府工作报告明确提出，"推动形成全面开放新格局，进一步拓展开放范围和层次，完善开放结构布局和体制机制，以高水平开放推动高质量发展，加强与'一带一路'沿线国家和地区开放合作，是安徽打造内陆开放新高地的必然选择。要在抢抓国家新一轮开放发展机遇、用足用好国家相关政策的同时，制定合理有效的地方政策，立足自身区位、产业和科技优势，进一步强化大开放意识，坚持大开放战略，营造大开放环境，构筑大开放格局"。《中共安徽省委关于制定国民经济和社会发展第十四个五年规划和二〇三五年远景目标的建议》提出，要"实行高水平对外开放，打造具有重要影响力的改革开放新高地"。

**三、中国已成为全球科技合作的热点区域**

得益于经济的高速增长和巨大市场潜力，中国已成为全球科技合作的热点区域。不管出于何种战略目的，世界上主要国家与中国开展科技合作的意愿正不断加强，这就为安徽省有针对性地挑选科技合作伙伴、争取合作主导权留下更大发挥空间。随着安徽省"内陆开放新高地"战略的实施，"一带一路"沿线国家的科研院所的优秀科学家主动来皖开展科技合作。

## 第三节  安徽省国际科技合作面临的挑战

### 一、组织领导有待增强

（一）跨部门沟通协调机制仍需完善

目前，安徽省科技厅对外科技合作处主要负责拟定科技对外交往、科技交流及创新能力开放合作的规划、政策和措施并推动落实。但目前，全省范围科技外事组织管理工作体系尚未健全，国际科技合作政策研究与宏观指导略显不足；科技外事归口管理机构的工作范围主要限于科技活动领域的对外合作交流，而针对科技与经济相结合领域的对外合作与交流的管理权限较为有限；大多管理机构的高效信息网络基础设施建设滞后，项目管理的科学评估与管理方法还需进一步挖掘。科技、发改、外事、商务等部门在"一带一路"国际科技合作的沟通协调机制需要进一步完善，进一步推进"一带一路"倡议下安徽省对外科技合作进程。

（二）友好省州合作有待进一步深化

友好省州是安徽省开展国际科技合作的理想对象。目前，安徽省与友好省州之间的交往更多是以人员互访、经贸和文化交流为主，而科技层面的合作仍需加强。政府科技管理部门层面目前还没有同国外科技部门建立联委会机制或签署合作备忘录，或在相应备忘录下开展项目合作工作。

（三）对外科技合作重点国别和优先领域需进一步明确

安徽省与德国、东欧（含俄罗斯）、拉美、中欧的合作被列为 2019 年度安徽省重点研发计划（对外科技合作专项）优先支持对象，已初显成效。但总体而言安徽省重点研发计划（对外科技合作专项）、省级对外科技合作基地合作国别和领域较为分散，点多面少，需从规划层面进行梳理，综合安徽省科技发展关键问题及对外科技合作的整体情况，明确对外科技合作的重点国别和优先领域，进一步凝练一批省级重点项目与平台。

### 二、对外科技合作平台建设还需加强

（一）省级国际科技合作基地平台管理仍需优化

从"2019～2020年度部分安徽省中央引导地方科技发展专项"国家级和省级国际科技合作基地项目评估结果来看，立项较多的是建设联合研究中心，而示范型国际科技合作基地、国际技术转移中心的建设相对绩效不够。目前，安徽省只有一家国际创新园——中德智能制造国际创新园，在开展对外科技合作方面也尚未发挥最大效应。

（二）国际技术转移中心功能尚未完全发挥

目前省级国际科技合作基地中，只有5家国际技术转移中心，并未完全发挥其技术转移的功能。另外，针对与安徽具有较好对外科技合作基础地区的国际技术转移中心或分中心布局还不充分。

（三）国际科技合作中介服务质量不高

安徽省科技服务中介机构数量不少，多以项目服务或资质申报为主营业务，真正参与到国际科技合作的中介机构很少，有资质的技术经纪人数量和质量都有待提升，科技中介服务机构核心竞争力不强。另外，多数科技服务中介机构对国际惯例、管理理念、需求对接不熟悉，国际技术转移服务质量不高。

### 三、项目管理有待完善

安徽省科技厅在支持对外科技合作方面，主要还是通过省重点研发计划（对外科技合作专项）、国家级/省级国际科技合作基地，通过借转补或后补助的方式予以经费支持，有待建立和完善一个更为立体的对外科技合作项目—人才—基地建设支持体系，优化相关管理办法、绩效考核与评估体系。目前，项

目执行单位主要负责专项的实施，在项目具体执行进度及经费使用效率方面还存在不足，政府相关部门作为项目管理机构对于项目的监督和过程管理还有待加强。

### 四、智库建设与人才培养有待加强

（一）对外科技合作人才储备不足

开展国际科技合作是一个复杂的过程，涉及如何将不同国家的技术发明、技术创造应用到安徽省的生产和经营中，使之转化为实际生产力，产生预期的经济效益。而开展对外科技合作的核心基础则是人才。要想与"一带一路"沿线国家更好地开展国际科技合作，需要一大批与之相适应的对外科技合作专业技术人才和管理人才。

目前安徽省对外科技合作管理人才较为紧缺，特别是具有国际科技合作战略眼光的管理人才较为匮乏，小语种人才也亟须引进，与长三角其他省市相比，安徽省对高层次科技人才来皖创新创业的吸引力较前几年有所下降。

（二）战略研究及智库建设力度不够

开展对外科技合作对参与人员要求较高，需要从战略层面对国际科技合作载体进行顶层设计，把握技术和产业发展趋势，懂得项目管理，熟悉合作方的政策和法律法规，包括当地语言、文化、习俗甚至宗教信仰等。对外科技合作实体更多从技术合作层面出发，以突破核心技术为目标，而忽略了单位未来发展战略与技术合作、科技人文交流之间的关系。目前，这方面的战略研究和智库建设也还没有跟上。

### 五、资源配置有待优化

（一）对外科技合作过程中的成果转化速度不快

对外科技合作过程中产生的成果，特别是大学和科研院所牵头的合作产生的成果，通常对金融机构吸引力不够，后者通常采取比较谨慎的态度，而且支持力度通常不强，导致对外科技合作过程中的成果转化速度不够快。

（二）宣传力度有待提升

不少在皖单位开展国际科技合作水平较高，有许多成功案例和成功经验，但目前还没有一个较好的平台对这些对外科技合作典型案例进行有效宣传和示范。

### 六、在长三角一体化发展战略中的比重仍需提高

安徽省面临着创新转型发展的新局面，亟须推进创新转型升级，打造具有国际竞争力的现代产业发展新体系。在增强产业自主创新能力、培育打造主导产业集群方面，还需通过强化长三角一体化发展战略，达到共赢。这将有利于安徽全面融入"一带一路"建设，在更大范围、更高层次参与国际分工合作。

# 第四节　典型案例：合肥赛为智能有限公司和昌辉汽车电器（黄山）股份公司

### 一、案例 1：安徽省服务机器人国际联合研究中心——合肥赛为智能有限公司

（一）国际科技合作总体情况

合肥赛为智能有限公司作为自主研发生产人工智能产品的国际性高端智能制造企业，具备达到国际研发水平的企业技术中心，积极对外交流合作，同国际上多所高校、企业进行过科技合作项目和活动，于 2017 年获批成为安徽省服务机器人国际联合研究中心。

在国际科技合作项目方面，合肥赛为智能有限公司与蒙古 RES 有限公司合作了"基于无人机装备和大数据分析的现代农业服务技术体系"项目，在农业植保、农情检测分析等领域取得创新成就，目前项目达到指标并顺利验收；与日本早稻田大学合作，在服务机器人领域突破人机交互及识别、环境感知、运动控制等技术难题，商业应用瞄准公共安全服务领域；与日本大阪大学合作"无扰式健康监护系统"项目，总投资 800 万元，中方投资 600 万元，突破制约

服务机器人的共性核心技术，并成立大阪大学赛为健康战略研究院以及服务机器人实验室，在介护、可穿戴机器人方面开展国际合作研究。

在国际科技合作交流方面，合肥赛为智能有限公司与日本大阪大学联合共建大阪大学医工学院；与吉尔吉斯斯坦开展人工智能领域的合作交流活动；于2019年8月携仿生四足机器人和健康管理机器人参加WAIC世界人工智能大会；于2019年11月携SIWILL机器人亮相第二十一届中国国际高新技术成果交易会。依托深厚的研发创新实力与多种渠道，合肥赛为智能有限公司的国际科技合作水平不断提高。

（二）国际科技合作历程及主要做法

自成立以来，合肥赛为智能有限公司与国际其他单位成功合作过多个项目与活动，取得了一定程度的创新成就，达到甚至超出预期目标，同时双方也在合作中加强了自身对相关领域科技技术的理解，目前正在与日本大阪大学合作的"无扰式健康监护系统"项目就是其中一个典型案例。

1. 合作背景

（1）合作双方实力。合肥赛为智能有限公司成立于2012年5月，是深圳市赛为智能股份有限公司（股票代码：300044）的全资子公司，注册资金1.65亿元。在人才团队方面，研发人员占总人数的27%，专业覆盖人机交互及识别、环境感知、运动控制、医学健康等领域，拥有合肥市"228"产业创新团队等多个研发团队。在产学研方面，公司与蒙古国RES公司、日本早稻田大学及中国科学院合肥物质科学研究院等建立良好的战略合作关系，在技术和研发层面有着丰富产学研合作经验。在创新平台方面，公司拥有省级博士后科研工作站、安徽省企业技术中心、安徽省工程实验室、合肥市工程技术研究中心等多个技术创新平台。在此基础上，合肥赛为成立人工智能、大数据、智慧城市三大研究院，发挥公司既有的研发基础，利用顶尖人才储备，致力于人工智能机器人，随着智慧城市、大数据领域的技术革新，无扰式健康监护系统是人工智能研究院未来两年的重点研发项目。

日本大阪大学是世界一流的著名研究型国立综合大学，综合实力排名日本第三。该校在医疗健康领域深耕多年，有着强大的技术基础和实力，同时服务机器人和传感器技术也在全球位于领先地位。

（2）合作基础。合肥赛为智能有限公司与大阪大学的合作基于双方已有的一些活动交流。2016 年 7 月初，赛为智能率团访问日本大阪大学，就护理机器人、健康管理服务人才培养方面开展合作研究。2017 年 3 月 19 日，日本大阪大学教授、副理事长大野优子，大阪大学药理学教授王志雄，在国家中医药管理局国际交流中心原主任沈毓龙的陪同下到访合肥赛为，就服务机器人领域的合作开展进一步的交流洽谈。2017 年 3 月 20 日，在高新区管委会举办的合作交流促进会上，高新区、大阪大学、合肥赛为三方就合作办学、医疗服务机器人相关技术的合作研究等议题进行了深入探讨，并达成了在国际科研合作、服务机器人项目引进、高水平合作办学等方面的进一步合作的意向。2017 年 9 月 15 日，时任合肥市委常委、副市长孔涛一行莅临赛为—大阪健康战略研究院考察赛为介护机器人项目，日本大阪大学医学系研究科保健学专攻教授、副理事长大野优子教授热情接待，王志雄教授、木户伦子副教授以及合肥赛为智能总裁助理、研究院主任王秋阳参与接待。2017 年 11 月，合肥赛为智能有限公司服务机器人研发人员到日本大阪大学进行为期 2 个月的技术学习与经验交流。2018 年 11 月，日本大阪大学教授、副理事长大野优子，特聘教授大野悦子，Jeong 教授到合肥赛为智能有限公司就无扰式健康监护系统项目开展前期调研，并对该技术共同开发制定了详细的技术合作路线。

同时，双方的合作离不开平台的支持。项目依托安徽省服务机器人国际联合研究中心建设，在服务机器人、健康管理服务人才培养方面展开合作研究。双方组建服务机器人研发团队，进行介护机器人深度开发和成果转化，已进行外骨骼机器、轻小型可穿戴设备等产品的研制开发。

双方的成功合作还依赖于强大的技术背景。合肥赛为智能有限公司在无扰式健康监护系统方面已积累了一定的技术，共申请 3 项发明专利，均已进入实质审查阶段，分别是自动导引病人移动床、带生理监控的仿生复健轮椅、带身体机能参数监控的智能理疗设备。具备强大实力的科技技术背景使此次合作更为顺利。

2. 合作亮点

随着人口老龄化的加剧、亚健康人口增加以及医疗资源分配严重失衡等压力，健康监护系统越来越引起人们的重视，由合肥赛为智能有限公司与日本大阪大学共同开发的"无扰式健康监护系统"项目，紧抓这一趋势，利用科技研发新产品，弥补市场空白。

该系统可获取的生物学信息包括心率、呼吸、体动等，用数据处理技术对采集到的信息进行识别和分析，并给出正常、患病、高风险的初步医疗判断。其所开发的无扰式健康监护系统载体——护理床床体及床体控制系统，实现了护理床的整体升降；背部/腿部两向调节；整体倾斜，并确保床体实现在非接触状态下一定程度的可靠性和标准化；床体内置微动敏感传感器，采集心率、呼吸率、体动等生物学信号，利用嵌入式滤波算法对收集到的信号进行分析处理，提取体征数据，并输出人体生理信号，实现采集信号与正常健康信号的对比。同时设计开发可定制的多床管理平台软件，可实现夜间离床警告、周期内数据异常警告等功能。相应地设计开发 APP 供用户查看自身睡眠健康数据，该 APP可对睡眠数据进行记录，并利用信息融合技术，综合心率、呼吸、体动信息，进行时域分析，结合医学判断规则，判断睡眠状态、睡眠质量及低通气事件，对睡眠质量进行评分，供用户查看睡眠报告。

一方面，研究中心依托赛为智能拥有覆盖人机交互及识别、环境感知、运动控制、医学健康等专业的人才团队，以及在技术和研发层面的丰富产学研合作经验；另一方面，研究中心依托日本大阪大学在全球处于领先地位的服务机器人和传感器技术，广泛开展多次国际合作，形成成熟的服务机器人产业链，以实现服务机器人成果转化和标准体系建设。

通过在健康领域的研究，研究中心开发了无扰式健康监护系统，目前已经开展了对一些用户的试用工作，产生部分用户数据，并根据用户体验，在使用中不断推进和改善该系统，同时该项目产品将用于社区、康复中心，目前正与有意向的机构谈合作。

除了项目合作中的技术创新外，公司与大阪大学联合建设的服务机器人实验室也实现了突破性进展，对服务机器人进行技术研究开发，已进行了智能护理机器人核心系统、外骨骼、轻小型可穿戴设备等产品的开发。

3. 合作目标及成效

本次合作的预期目标是开发一套实现"无扰式"，可用于居家及养老社区、养老机构的实时健康监测系统；建立睡眠结构分析、睡眠低通气分析、基于心脏节律和呼吸节律的健康评估模型；通过对个体数据趋势的分析，结合知识库决策和大数据分析，建立健康预警模型；引入睡眠姿势自适应调控，并结合反馈效果，生成个性化睡眠解决方案；具体的创新目标为申请发明专利不少于 2 项，申请并授权实用新型专利 2～3 项，申请并获得软件著作权登记 3～5 项，获得产品相关企业标准 1 项，获得省级新产品 1 项、省级科技成果 1 项。

目前，合肥赛为智能有限公司已与日本大阪大学合作开发无扰式健康监护系统样机一套，正在进行实验测试和用户体验。已申请发明专利 3 项、实用新型专利 2 项，获得软件著作权 2 项。

（三）国际科技合作的经验与展望

合肥赛为智能有限公司作为多次展开国际科技合作的代表企业，在国际科技合作方面积累了不少经验。国际科技合作的本质是学术之间的无壁垒交流，促进人类文明成果的进步，完善理论基础，实现技术创新，因此，国际间的交流十分重要。

在国际合作初期应选派一批德才兼备的中青年科技骨干到国外研修，学习国外先进的科学技术和管理经验，并在回国后以学术报告的形式及时交流国外先进的理论和技术，介绍学科发展动态和国外有关情况，同时企业制定相应管理制度，对选派的出国人员进行统一的综合素质考察。实践证明，选派人员学成归来后，不仅自己能借鉴国外先进经验，发挥其专长，更能带好一批人投入科研创新活动，在科研和管理岗位上发挥重要作用。

此外，利用各种机会进行互访、考察和学术交流，及时了解世界科技信息，将有助于扩大企业自身在国际上的影响力。合肥赛为智能有限公司于 2019 年 8 月携仿生四足机器人和健康管理机器人参加 WAIC 世界人工智能大会并得到一致好评；于 2019 年 11 月携 SIWILL 机器人亮相第二十一届中国国际高新技术成果交易会，这些活动都为合肥赛为智能有限公司在机器人领域打响国际名声发挥了重要作用。

同时，先进仪器是企业的有力装备，企业应引进先进的仪器设备。在先进仪器的支持下企业的研究将更加方便准确，这些由国外协作单位提供的高精尖科学仪器在一定程度上提高了科研条件水平。

企业还应主动加强内引外联，促进国际合作与交流。合肥赛为智能有限公司与日本大阪大学合作的"无扰式健康监管系统"项目，以安徽省服务机器人国际联合研究中心这一平台为纽带，加强了合肥赛为智能有限公司与大阪大学在机器人领域的交流。

开展国际科技合作，对促进我国从"输血型"向"造血型"转变、增强我国的"造血"机能相当重要，而实现这个转变的关键在于激发企业的主体行为。

近年来，国家提出了"走出去""一带一路"等多个倡议规划，为中央企业开展国际科技合作提供了战略支撑，通过国家制定的政策支持战略，进一步地激发中央企业开展国际科技合作的主体行为，也会进一步地调动中央企业开展国际科技合作的积极性。以"一带一路"为例，涵盖了从亚洲、欧洲到非洲、美洲的多个国家和地区，加强了与沿线国家的沟通磋商，推动与沿线国家的务实合作，实施了一系列政策措施。"一带一路"倡议沿线国家的市场空间巨大，加之国家出台大量政策支持企业"走出去"，为企业"走出去"与沿线国家开展国际科技合作提供了巨大空间。通过有效利用国外的市场资源，充分发挥企业的产业技术价值，企业在提高自身核心竞争力的同时也为国家的产业转型升级做出了贡献。

**二、案例2：昌辉汽车电器（黄山）股份公司**

（一）国际科技合作总体情况

1. 公司简介

昌辉汽车电器（黄山）股份公司于1998年4月14日注册成立，是一家专业研发制造汽车电子电器产品的高新技术企业。公司位于黄山市休宁县，是国内最专业的汽车电子电器产品生产基地之一。

该公司专业从事汽车电子传感器、无钥匙启动系统等汽车电子产品以及汽车组合开关、全车功能开关、汽车锁、汽车门把手总成、EGR废气再循环系统等汽车关键零部件研发与制造，拥有国际先进产品研发与制造能力，年产销量达 500 余万套，产品主要为通用、福特、大众和长城、奇瑞、江淮等国内外 40 多家知名汽车主机厂原装配套，并成为它们的核心供应商和战略合作伙伴，产品自营出口海外 20 多个国家和地区。2016 年，昌辉汽车电器（黄山）股份公司通过戴姆勒 – 奔驰专家 OSA 审核，标志着公司正式进入戴姆勒 – 奔驰全球供应商体系。

2. 国际合作整体情况

昌辉汽车电器（黄山）股份公司 2015 年 11 月申报获批安徽省示范型国际科技合作基地。目前，该公司与澳大利亚迪肯大学、同济大学中德学院等国际院校保持合作和交流，与德国戴姆勒 – 奔驰公司、美国 WELLS 公司等保持长期的技术研发和产品配套关系，与美国迪美集团就汽车电动助力转向系统总成项目达成合作。

（二）国际科技合作历程及主要做法

1. 合作背景

2000 年以来，中国汽车工业进入快速发展阶段，尤其是轿车工业技术进步的步伐大大加快，新车型层出不穷；科技进步推动整车技术，特别是环保指标大幅度提高，与国外汽车巨头的生产与营销合作步伐明显加快，引进国外企业的资金，技术和管理的力度不断加深，自主创新取得了积极成果，企业组织结构调整稳步前进，形成了完整汽车产业体系。

昌辉汽车电器（黄山）股份公司作为中国最早一批生产汽车零部件的企业，面临汽车市场快速发展的形势，迫切需要在技术创新上有所突破。而此时，美国 WELLS 公司也看好中国这块新兴市场，需要寻求一个实力强劲的伙伴。美国 WELLS 公司看中昌辉股份拥有的长期汽车零部件生产经验、先进的生产设备和稳定的客户，很快与昌辉股份达成了合作意向，并就汽车废气再循环阀门（EGR 阀）产品开展研发合作。

2. 合作过程

汽车废气再循环阀门（EGR）技术是目前发达国家先进内燃机中广泛采用的技术，废气再循环控制系统是目前用于降低废气中氧化氮排放的一种有效措施。其工作原理是：当汽车发动机工作产生短暂的真空时，通过将废气再循环阀门的阀口打开，发动机排出的废气一部分通过废气再循环阀的进气孔再送回到发动机的进气管，与新鲜的空气混合之后再次进入汽缸继续燃烧。废气中含有大量的 $CO_2$，而 $CO_2$ 不能燃烧，却能吸收大量的热，使汽缸中混合气燃烧的最高温度降低，从而减少燃烧过程中的 $NO_X$ 的生成量，降低废气中的 $NO_X$ 的含量，从而减轻排放污染，达到排放法规对排气中 $NO_X$ 的限值要求。

汽车废气再循环阀门（EGR）产品技术在国外起步较早，美国和欧洲发达国家均采用 EGR 来控制汽车废气排放，使汽车尾气的排放达到规定的标准。但是国内废气再循环阀门（EGR）产品技术起步较晚，早年仅在高档车上使用，中低档车的使用还在逐渐普及的过程中。当时，该产品技术在国内尚属空白，自主研发难度极大，诸如产品技术参数、关键结构设计、铸铁加工工艺等技术难题都有待解决。

合作初期，WELLS 公司为昌辉汽车电器提供了技术参数，共同开发产品，共同研制产品测试台，测试台全部零件都从国外采购。WELLS 每年派遣技术专家来中国进行技术支持。双方公司合作开发出第一款机械式 EGR 阀门产品，该产品全部销往美国 WELLS 公司，主要为通用汽车配套。

后续，双方公司陆续合作开发了汽车电磁阀、汽车怠速控制阀等产品，提升了公司汽车 EGR 阀门产品开发、制造能力，吸引了更多的海外客户共同合作。

3. 合作亮点

在项目合作过程中，美国 WELLS 公司多次派遣两位工程师到现场展开技术指导，放开技术壁垒，开展有效沟通合作，促使项目目标加快达成。

通过与美国 WELLS 公司的合作，昌辉（汽车）公司消化吸收了国外先进技术，使公司掌握了国际先进的发动机排放控制技术，提升了公司综合实力。同时，通过 EGR 阀门项目的合作开发，昌辉（汽车）公司打开了海外市场，并陆续拓展了多家海外客户，进一步加快公司"一流全球采购供应商"愿景的实现。

4. 合作成效

（1）汽车废气再循环阀门（EGR）。汽车废气再循环阀门（EGR）技术是目前发达国家先进内燃机中广泛采用的技术，废气再循环控制系统是目前用于降低废气中氧化氮排放的一种有效措施。通过与美国 WELLS 公司的合作，昌辉汽车电器（黄山）股份公司掌握、吸收并消化了国际先进的发动机排放控制技术，该技术 2010 年被列为安徽省国际科技合作计划项目；2011 年被列为国家火炬计划项目，同年公司制定了地方标准 DB34/T 1471—2011《EGR 阀门技术条件》。

（2）企业研发平台建设。在安徽省政府的支持下，昌辉汽车电器（黄山）股份公司积极与美国迪美集团、澳大利亚迪肯大学、同济大学中德学院进行联合培养项目，目前建有国家级博士后科研工作站、国家专业试验中心、国家地方车身电气技术工程实验室、省级车用电气系统工程技术研究中心、省级企业技术中心、省工程实验室、省工业设计中心。建立联合研究、自主开发和全员参与三个层次的技术研发体系，三个层次研发方向各有侧重，产学研合作作为主线贯穿其中，互为补充，形成了多层次、相互衔接、高效互动、全员参与的技术创新体系。

昌辉汽车电器（黄山）股份公司多年来自主创新产品设计技术，创新应用仿真、三维数字化 CAD/CAE/CAPP/CAM/PLM、快速原型制模、3D 打印、霍尔效应等先进技术，成功开发出具有完全自主知识产权的新能源汽车模块化一系列组合开关、智能锁等，还陆续成功研发新能源汽车蓄能式智能转向系统及车身控制器 BCM、转角传感器 SAS 等汽车电子产品，产品先后列入国家"火炬计划"、省"火炬计划"以及工信部国家产业振兴项目、国家中小企业技术创新项目、省重点科技攻关项目、省重大科技专项、省"861"重点项目等。企业现获国家授权专利 399 项，其中发明专利 67 项。昌辉汽车电器（黄山）股份公司 2016 年荣膺全国知识产权示范企业，连续两年跻身省发明专利百强排行榜；2018 年荣获中国汽车工业协会纪念改革开放四十周年"电子电器十强"企业。

# 第八章 安徽省高等院校国际科技合作典型案例

## 第一节 安徽建筑大学

### 一、国际科技合作总体情况

安徽建筑大学作为安徽省内唯一一所建筑类学科门类齐全的高校，坚持"立足安徽、面向全国，依托建筑业、服务城镇化"的办学定位，紧紧依托"大土建"学科优势，积极开展国际科技合作，服务地方经济社会发展。学校围绕先进高性能水泥基材料、功能高分子与化学建材、先进环境功能材料和节能及资源化利用材料等方向，与澳大利亚的蒙纳士大学和南昆士兰大学、英国剑桥大学、美国得克萨斯 A&M 大学、韩国韩瑞大学等国外高校及科研院所的知名教授及专家开展持续的科技合作，包括学者互访、青年教师访学以及每年召开的多功能材料与应用国际学术会议等活动，目前已联合申报并获批对外科技合作项目 4 项，发表高水平学术论文 70 余篇。在高性能混凝土、混凝土外加剂、水溶性高分子、新型建筑材料、纳米膜技术等方面的研究处于国内先进行列，创造了可观的经济效益和社会效益。

## 二、国际科技合作历程及主要做法

（一）合作背景

安徽建筑大学积极开展国际科技合作，围绕"一带一路"倡议及"十三五"时期建设的重要内容，立足安徽，以地方经济社会发展需求为导向，以解决先进建筑材料制备和服役过程重大应用技术问题为目标，构建解决建筑材料领域重大工程问题需求的科研及工程化平台；形成具有科技攻关能力的创新型科研团队，为构建创新型建筑材料产业体系及促进传统建材行业提质升级发展提供技术支撑。

（二）合作过程及亮点

安徽建筑大学对外科技合作依托于先进建筑材料重点实验室，2017 年申报并获批了安徽省先进建筑材料国际联合研究中心。依托学校学科、科研、人才优势，安徽建筑大学主要从以下三个方向展开科学研究：①高性能水泥基材料。②功能高分子与化学建材。③环境与能源功能材料。此外，学校还承担了"十三五"时期科技支撑计划、国家自然科学基金等国家级科研项目和企业委托项目 80 余项，获国家、省部级科技进步奖十余项。通过聚焦先进建筑材料领域科技发展，安徽建筑大学在水泥基材料、功能高分子与化学建材及环境与能源功能材料等方面开展国际合作，安徽建筑大学搭建了国内高水平建筑材料研究和工程化平台。

在学术管理方式上，安徽建筑大学实行学术带头人负责制，通过开放式运行方式实现资源共享；开展国际研讨会、教师互访、学生互换联合培养等方式促进交流，培育高水平的人才；依托国际科研合作产生创新科研成果，打造先进建筑材料领域集成技术研发平台。

1. 高性能水泥基材料

安徽建筑大学主要联合南昆士兰大学、香港大学等，重点研究高性能混凝土的工艺原理与配制技术，探索高性能混凝土组成、结构和性能之间的关系；研究水泥的低能耗制备和高效应用，促进水泥工业的节能降耗和可持续发展；积极探索固体废弃物的无害化及资源化，开发工业废渣应用于建筑材料的相关技术,制备出环境友好的新型建筑材料;充分利用安徽省丰富的无机非金属矿产资源,研发性能优异的新型胶凝材料制备技术,促进安徽传统材料产业升级改造。

2. 功能高分子与化学建材

安徽建筑大学通过与蒙纳士大学、韩瑞大学等开展交流合作,重点研究化学及物理改性对特种及通用高分子及其复合材料各种应用性能的影响,开发通用有机建筑材料;根据现代功能建筑和智能建筑发展需求,研发先进功能有机建筑材料和环境友好高分子材料;研究利用无机及有机材料复合杂化优势,制备新型化学建材;设计合成新型嵌段高聚物和水溶性高分子,开发研究新型功能高分子混凝土外加剂。

3. 环境与能源功能材料

通过与蒙纳士大学膜科学中心、加州大学等开展合作,安徽建筑大学积极研究开发新型建筑与环境节能材料、太阳能蓄存与转化材料;开发环境污染净化新材料和纳米新材料在污染净化技术方面的应用,改进传统环境净化技术;开发新型绿色化学化工技术和绿色产品工艺,降低有害环境危险物质的环境风险,促进新材料和新工艺的应用和推广。通过设立开放基金、承办和主办国际国内学术会议、积极参与学术交流活动等方式,安徽建筑大学一方面接受和外派访问学者,另一方面组织开展产学研合作,为建材企业解决行业技术关键共性问题。

(三)合作成效

以先进建筑材料为学科重点建设方向,安徽建筑大学加强与国际知名高校以及"一带一路"沿线国家的研究机构间建立长效稳定的合作,完善国际合作机制,在建筑材料领域形成一批国内领先、国际一流的学术研究团队。

1. 主办、协办、参加国际会议,邀请国际专家讲学

自2007年起,安徽建筑大学连续十四年联合举办多功能材料及应用国际学术会议(ICMMA)。该会议由该校与韩国韩瑞大学联合发起,联合省内高校与韩国、泰国、日本、印度、马来西亚等东南亚国家轮流举行。每年来自中国、韩国、日本、法国、泰国、印度、马来西亚、越南等国家高校、研究所、企业

的百余位专家学者齐聚一堂、共襄盛会，围绕"多功能材料及应用"主题展开广泛而深入的交流探讨，分享研究成果，碰撞学术火花。2017 年，安徽建筑大学依托国际联合研究中心承办第十一届多功能材料及应用国际学术会议。

2018 年，国际联合研究中心主任冯绍杰教授应邀赴白俄罗斯布列斯特国立技术大学访问，两校就学术合作、人才培养合作的各种方式和可行性展开了深入细致的交流，达成了共识和表达了合作意愿。2019 年 11 月 2 日，国际联合研究中心协同学校相关学院举办了 2019 年建筑节能、热安全及环境污染防控国际学术会议（ICBTE2019），布列斯特国立技术大学、俄罗斯下诺夫哥罗德建筑与土木工程大学应邀派遣代表出席。

2019 年 12 月 2 日，安徽建筑大学应合作方蒙纳士大学王焕庭教授的邀请赴澳大利亚参加第二届节能分离国际会议（The 2nd International Conference on Energy – Efficient Separation，IEESEP2019），该会议是在世界能源与膜分离领域具有重要影响力的学术盛会，来自美国、新加坡、澳大利亚、韩国、中国等多个国家和地区的 150 余位学术工作者参加了此次会议，通过大会报告、墙报等形式进行学术交流与互动，共商世界能源与环境领域面临的问题及对策。会议期间，安徽建筑大学参会教授作了题为 Electrospinning Preparation of PAN/TiO$_2$/PANI Hybrid Membrane with High Adsorption and Photocatalysis Properties 和 Preparation and Its Photocatalytic Activity of Novel BiOCl/g – C$_3$N$_4$ Thin Film Via spin Coating 等研究成果的汇报，得到与会专家的好评并进行了激烈的讨论。

2019 年 12 月 19 日，安徽建筑大学邀请澳大利亚工程院院士、蒙纳士大学化学工程系王焕庭教授做客安徽建筑大学易海大讲堂，做有关《复合膜的前沿应用进展》的讲座。王焕庭教授首先介绍了膜材料的基本理论和主要用途，然后结合蒙纳士大学膜材料研究中心和课题组最新研究成果详细介绍了"氧化石墨烯/聚合物复合脱盐膜""金属有机框架材料离子分离膜""具有热响应可逆脱盐功能的金属有机框架材料""手性选择性分离膜"等膜材料前沿研究应用进展，提出了未来复合膜材料的关键科学问题，对安徽建筑大学师生了解膜材料、开展相关研究工作具有积极意义。

2020 年 11 月 26～27 日，由安徽省先进建筑材料国际联合研究中心协办的第十四届多功能材料与应用国际会议（线上视频会议）在安徽建筑大学南校区智慧展示中心召开，校长孙道胜教授和材料与化学工程学院院长冯绍杰教授率师生出席会议。此次国际会议主要围绕"绿色与健康"主题展开，会议在三个会场同时进行，安徽建筑大学刘瑾教授、张峰君教授等主持分会场，来自不同领域的专家教授分别结合自身研究方向交流了自己的最新研究和应用成果。本次会议吸引了来自中国、韩国、日本、法国、泰国、印度、马来西亚等多国高校、研究所、企业的专家学者，举行了近百场特邀报告和口头报告，涉及化学、物理、材料科学与工程、建筑及环境材料等研究领域。

中心科研骨干教师和研究生也积极参加了此次会议，王献彪教授做了名为 *Mino – Functionalized Porous PDVB with High Adsorption and Regeneration Performance for Fluoride Removal from Water* 的特邀报告。王帝博士和方霄龙博士分别做了题为 *Study of Stimuli – Responsive Organic Magneton Based on Nitroxide Radicals and Carbon Cation Radicals* 和 *Ruthenium Catalysts with Metal – ligand Cooperation for Hydrogenation of Esters into Alcohols* 的口头报告。刘开伟博士与研究生孔翠分别进行了题为 *Deterioration of Mortars Immersed in Sodium – and Ammonium – Sulfate Solutions* 和 *Synthesis and Characterization of $MoS_2/Graphene – TiO_2$ Ternary Photocatalysts for High – Efficiency Hydrogen Production under Visible Light* 的海报展示，与会专家学者就相关研究在线上进行了热烈的讨论。

中心自成立以来，共计举办国际学术会议 2 次，参加国际学术会议 10 次；邀请境外专家来校做报告 10 人次以上；先后有 5 位青年教师出国（境）进行学术交流活动。2017 年，王爱国、刘开伟两位博士分别赴澳大利亚南威尔士大学和夏威夷大学访学；2018 年，张俊博士赴香港大学、陈霞博士赴墨尔本大学访学；2019 年，王秀芳博士赴美国加州大学访学。

2. 对外科技合作课题取得重要进展

国际联合研究中心自成立以来，安徽建筑大学冯绍杰教授、王献彪教授与澳大利亚蒙纳士大学 Huanting Wang 教授于 2018 年合作申报安徽省对外科技合作项目"PAN/UIO – 66 – 2COOH 纤维膜的制备、表面改性及应用研究"成功获批。蒙纳士大学膜科学中心 Huanting Wang 教授是澳洲工程院院士，国际顶尖膜科学专家。项目通过静电纺丝技术原位构筑 PAN 复合膜，基于酰胺和羧基基团的离子交换特性吸附离子，并可通过光催化回收利用，相关研究论文已经发表在 *Chemical Engineering Journal*（2020，399：125749）上，并被微信公众号"高分子科学前沿"作为亮点进行报道，该研究促进了安徽建筑大学与蒙纳士大学在功能膜方向的开发研究与合作。

2020 年，王爱国教授、孙道胜教授与澳大利亚南昆士兰大学的 Hao Wang 教授合作申报并获批了安徽省对外科技合作项目"生态型超高性能地聚物混凝土关键技术合作研究"。Hao Wang 教授是 Composites Part B. 主编，亚澳复合材料协会主席，混凝土材料专家。该项目突破传统超高性能混凝土减排方法，利用地聚物的高强、耐腐蚀和低 $CO_2$ 排放特性，完全取代硅酸盐水泥作为胶凝材料，制备生态型超高性能地聚物混凝土（UHPGC）。相关研究成果已经发表在 *Construction and Building Materials*（2021，274：121780）上，项目的合作促进了安徽建筑大学与南昆士兰大学在先进建筑材料上的开发研究与合作。

3. 合作科研成果丰硕

在高性能水泥基材料方面，王爱国老师在南昆士兰大学访学期间，参与未来材料研究中心关于聚合物无定形相有序化转变的相关研究；丁益老师与韩国韩瑞大学 Won－Chun Oh 教授合作详细研究了无机－有机添加剂对石膏类防水材料性能的影响；张高展老师参与香港科技大学梁坚凝教授课题"混凝土结构裂缝扩展过程双 K 断裂理论及控裂性能提升基础研究"，该研究为水泥基材料的抗裂能力订定了测试方法。

在高效环境功能高分子复合材料研制方面，王献彪老师赴蒙纳士大学开展合作研究，参与澳大利亚重大研发项目，提升了微纳结构吸附材料的表面调控及对水中重金属离子的吸附效果；赵东林老师发展了氧化石墨烯复合材料并取得了良好的效果，且与磁性 $Fe_3O_4$ 复合之后可以达到快速回收的目的。

在先进功能催化材料方面，张峰君老师与韩国韩瑞大学合作进行环境与能源催化材料的研究。徐海燕教授获日本学术振兴会（JSPS）资助，在东京工业大学材料与结构实验室从事液相法制备高性能陶瓷薄膜的研究工作。

国际联合研究中心自成立以来，团队累计发表各类 SCI 论文 70 余篇，申请各类发明专利6项，获得安徽省科技进步"二等奖"2项，3位骨干教师入选安徽省特支计划"创新领军人才"。

4. 公共服务

国际联合研究中心自成立以来，培训从事技术科研人员数5人，开放共享仪器设备5台（套），新聘外籍知名教授2~3名进行合作研究，积极培养具有国际化视野的科研团队。

### 三、国际科技合作的经验与展望

通过与国外合作伙伴联合开展学术研究、定期学术互访、联合培养学生等合作方式，国际联合研究中心提供师生互访、学术研讨等活动必要的经费，合作伙伴提供项目技术支持和进行国际学生培养。主要合作对象是蒙纳士大学、南昆士兰大学、韩瑞大学、加州大学河滨分校等国际知名高校，其中，蒙纳士大学、加州大学河滨分校、南昆士兰大学等高校的材料专业排名均位于世界前列。

以国际联合研究中心为载体，让国际科技合作从一般性的交流互访向切实性的与经济建设结合进行转变。旨在从高性能绿色水泥基材料等方面促进成果产业化，向区域乃至全国辐射，从而对安徽省地方经济发展产生积极影响；以中心为纽带，让国际科技合作从单纯的技术引进向共建基地研发平台转变。

国际联合研究中心秉承"开放、流动、联合、竞争"的运行理念，围绕国家科技创新及经济建设对新型建筑材料、环境与能源功能材料的需求，结合安徽省建材行业的技术发展和产品提质升级需求，联合国内外材料行业研究单位及企业，充分发挥高校实验室"产学研"结合的优势，采取"边建设、边研究、边开放"的路线，通过开放式运行、科研课题公开和科研合作等方式实现实验室的资源共享，吸引国内外优秀人才。打造先进建筑材料领域集成技术研发和成果产业化平台，并将所取得的成果向区域乃至全国辐射，成为全国先进建筑材料的发源地、辐射源，将能够对促进建筑业和建材行业科技进步与产业发展做出积极贡献，对安徽省地方经济的发展产生积极的影响。

# 第二节　安徽师范大学

## 一、国际科技合作总体情况

安徽师范大学是全国首批获准招收公费留学生的高校之一，也是国家华文教育基地、安徽省汉语国际推广中心。学校先后接收了30多个国家和地区的长短期进修和学历教育留学生5000余人次，与美国、英国、德国、芬兰、澳大利亚、新西兰、韩国、日本、越南等国家和地区的几十所高等院校、科研机构、学术团体教育机构建立了长期友好合作与学术交流关系，并与澳大利亚查尔斯·达尔文大学共建了孔子学院、在乌克兰扎波罗热国立大学设立了孔子课堂，在教学和科研方面进行了广泛的合作。

学校生命科学学院于2016年申请并获批安徽省科技厅的对外科技合作项目，与澳大利亚墨尔本大学在免疫学方面展开科技、教育等专项合作。

## 二、国际科技合作历程及主要做法

### （一）合作背景

对外科技合作项目申请人许岳慷教授是安徽省从海外引进的澳籍特聘专家，在安徽师范大学"振兴计划"的支持下，许教授组建了一只强有力的科研团队。许教授在澳长期从事炎症免疫学方面的研究工作，在炎症免疫领域积累了丰富的经验，与本项目合作方墨尔本大学 WEHI 医学研究所的 Andrew Lew 教授建立了稳定的合作关系，在炎性因子影响 DC 发育、功能与信号传导方面有着共同的研究兴趣、雄厚的合作基础，联合发表过许多有影响力的科研论文。回国后，许教授带领团队做了大量的预实验，发现炎性因子可以改变某些免疫细胞的表型和功能。与此同时，项目合作者在澳洲的研究中也发现了许多特异的、与炎症密切相关的基因，与项目申请人的假设不谋而合，故而联合申请科技合作项目。

（二）合作过程

在项目合作期间，项目合作方澳洲墨尔本大学 WEHI 医学研究所免疫学实验室主任 Andrew Lew 教授及其夫人和另外两位澳洲科学家应邀到安徽师范大学来开展学术讲座，指导研究生实验并赴周边地区考察。同时，安徽师范大学也派遣了项目组成员赴澳洲墨尔本大学 WEHI 医学研究所进行为期一年的合作研究，充分利用澳方的科技资源优势并学习其先进的科学技术，回国后以安徽师范大学为第一作者单位身份发表了高水平的科研论文。

（三）合作亮点

该项目与澳洲 WEHI 研究所开展深入合作，专项项目成效显著。项目组发现在炎症条件下所产生的炎性因子 GM－CSF 的浓度是调控骨髓细胞向不同免疫细胞分化的关键因素，中等浓度的 GM－CSF 对骨髓细胞向炎性 DC 分化具有重要的作用。该项目共发表了以安徽师范大学为第一作者单位、申请人为通讯作者、标有项目基金号的 SCI 论文 7 篇。同时，在合作期间，澳方科研人员还受邀到安徽师范大学开展科研讲座，开阔了研究生的视野，同时，他们也了解了中国本科生和研究生的课程和知识结构，加强了两校的联系，为进一步合作打下基础。此外，在项目进行过程中，本实验室还解决了如下科学问题：①阐明炎症条件下所产生的炎性 DC 表型和功能上的特点，以及其部分功能相对稳态 DC 发生变化的机制；②发现外来炎性物质 LPS 会导致炎性 DC 存活能力改变，并探明了这其中的机制。项目中培养了 6 名研究生毕业。

（四）合作成效

在国外实验室的合作研究中，项目单位发现 GM－CSF 剂量可选择性地促进骨髓细胞发育为不同类型的免疫细胞。而且，这个选择是通过影响细胞不同的生物学特性来实现的。高浓度的 GM－CSF 主要通过细胞增殖来促进单核巨噬细胞的产生而不会促进低浓度 GM－CSF 条件下产生的 Ly6G＋细胞的增殖。在没有 GM－CSF 存在的情况下，粒细胞很快失去活性，但低浓度的 GM－CSF 即可显著地促进它的生存；和粒细胞相比，单核巨噬细胞自发性的存活能力更强，

GM－CSF 只能轻微地提高其存活能力。中方实验室也发现中浓度的 GM－CSF 能够促进单核细胞来源的树突状细胞即炎性 DC 的分化。

同时，中方实验室进一步检测了炎性 DC 表型和功能的特点，并发现了其部分功能变化的机制。中方实验室利用体外 Flt－3L 和 GM－CSF 诱导的骨髓源的 FLDC 和 GMDC 来代替体内的稳态 DC 和炎性 DC。然后，中方实验室比较了 FLDC 和 GMDC 在发育、功能和凋亡上的区别，从而揭示炎性 DC 的功能特点。中方实验室发现，炎性的 GMDC 的免疫学优点在于其自身独特的 T 细胞极化因子分泌模式使其可促进 CD4 T 细胞向 Th2/Th17 方向分化。但是 GMDC 在炎性物质 LPS 刺激后 T 细胞增殖的促进作用在很大程度上受到自身产生的 NO 的抑制。此外，中方实验室还发现相较于 FLDC，炎性 GMDC 具有更强的存活能力。

在探究两种 DC 功能的过程中，中方实验室也探究了炎性物质 LPS 对 DC 功能的影响。中方实验室发现 LPS 可以促进 DC 成熟，并有效提高稳态 DC 刺激 T 细胞的能力。此外，中方实验室还发现炎性物质 LPS 可以通过 TLR 信号通路刺激胞内 PI3 激酶依赖的 Bcl－xL 抗凋亡蛋白上调而促进炎性 DC 的存活。

这些成果从免疫细胞发育的角度解释了 GMCSF 的"双刃剑"效应，即合适浓度的 GM－CSF 浓度诱导骨髓细胞向机体所需的免疫细胞方向分化，否则可能导致免疫调节紊乱。而且其诱导分化的炎性 DC 的功能的特点也被发现，并解释了其部分功能变化的机制。即 NO 导致了炎性 DC 对 LPS 刺激后其在刺激 T 细胞增殖能力上的低反应性，这为校正炎性 DC 功能提供了新的治疗靶点。

上述合作代表性成果被著成 9 篇论文发表在 SCI 核心期刊。

### 三、国际科技合作的经验与展望

为开展实质性的科研合作，提升安徽省的科研实力，选派优秀的科研人员出国到对方实验室潜心研究一年及以上，杜绝走马观花地短期访问，是公认的最有效途径。这种性质的进修既有利于科研成果的产出，又可以扎扎实实地学到一些先进的科学技术，回国所用，受益于本省。在该项目进行过程中，中方实验室派遣一名项目组成员赴澳洲著名的 WEHI 医学研究所，进行了为期一年的学习与交流。该成员圆满地完成了合作交流任务，按期回国。在国外一年的实验研究中发表了一篇高水平的 SCI 论文，同时掌握了复杂的流式细胞仪器的调试和分选技术、先进的 CrispCas9 基因编辑技术等。现在该成员已攻读博士学位，已成为实验室的中坚力量。此外，一年的国外交流也使澳方实验室对安徽师范大学的科研水平有一个较为深刻的了解，表示愿意和中方建立长期的合作关系，为安徽师大在境外设立研发机构和进行高层次科技人才培训打下基础。

此外，该项目不仅与澳洲大学建立合作关系，也为安徽师范大学在境外设立研发机构和进行高层次科技人才培训打下基础。通过此次合作，安徽师大发现：作为全国为数不多的科技强省之一，安徽省与国外科技合作的项目与北京、上海、南京、浙江等地的高等院校相比，存在上升空间。这些院校已与澳洲 WEHI 医学研究所建立长期稳定的"Inspire"合作项目，因此，安徽省应加大对已有对外合作基础单位的投入力度，后发赶超。

安徽省有着广泛的海外人才资源，要充分利用在海外已经建立的合作关系，在政策上鼓励、在经济上资助海外人才与原来的科研单位建立科研合作关系，对卓有成效的项目后续要追加资助，巩固和发展前期成果。

生命科学是 21 世纪的重点科学，而免疫学是生命科学中一门年轻的朝阳学科。2018 年的 Nobel 生理与医学奖授予了两位免疫学家，以表彰他们为治疗人类重大疾病——肿瘤所做出的贡献。免疫学不仅可以揭示生命现象的本质问题，而且对人类突发性新型疾病（如新冠肺炎）机制的破解与诊疗制剂的研发更是意义重大。针对导致人类死亡比例最高的三大疾病（心脑血管疾病、肿瘤和感染性疾病）的免疫机制研究近年来已持续成为国家科技重大专项重点资助项目。作为安徽师范大学生命科学学院唯一的免疫学实验室，该实验室主要致力于对免疫细胞发育、功能以及调控的研究，如区域免疫特性、免疫检查点分子的调控机制以及肿瘤免疫等，这些领域是未来对外科技合作的热点。

# 第三节　安徽工业大学

## 一、国际科技合作总体情况

安徽工业大学根据国家"一带一路"国际倡议，最近几年来与"一带一路"沿线国家以及其他欧美国家开展了很多科技合作与师生交流。

学校先后与塞尔维亚、德国、意大利等国开展了密切合作和交流，其中，与塞尔维亚贝尔格莱德大学、诺维萨德大学、韩国国立昌原大学、美国佛罗里达州立大学、美国普渡大学西北分校、加拿大西安大略大学，以及日本广岛大学等十几所高校签订了全面合作协议，在师生交流、科技合作、信息共享、联合培养学生等方面开展全面合作，学校每年都与国外合作院校互派学生和教师进行学习和交流。另外，学校接收本、硕、博三个层次的来华留学生，现有来自"一带一路"沿线国家在校留学生 400 多名。

学校拥有国家级"特殊服役环境下的智能制造装备国际合作基地"，先后承担了十几项国家科技部、国家自然科学基金委员会和安徽省科技厅资助的国际合作项目，其中包括 2 项国家重点研发计划 – 政府间国际科技创新合作重点专项项目，6 项国家外国专家局高端外国专家项目和引智项目以及 4 项安徽省对外科技合作项目，这些项目都是安徽工业大学与塞尔维亚、越南等"一带一路"沿线国家的国际合作项目，包括安徽工业大学机器人团队与贝尔格莱德大学以及塞尔维亚普苹研究院机器人研究所开展基于太阳能的移动服务机器人以及协作机器人技术研究。另外，学校每年邀请大批国际顶级专家包括诺贝尔奖获得者到校交流，2019 年承办两届安徽省海外名师大讲堂活动。"海外名师大讲堂"活动是安徽省推动海外引智交流合作的一项重要品牌，是加大"高精尖缺"人才引进和培育力度、为安徽省经济社会发展提供强有力的国外才智支撑的重要行动之一。学校对外科技合作成果连续 2 年（2018 年、2019 年）被推荐参加中国—中东欧国家创新合作大会进行交流。

## 二、国际科技合作历程及主要做法

（一）合作背景

安徽工业大学长期以来十分重视与国际高水平高校和企业开展国际合作，学校拥有一批具有海外工作和留学经历的教师，如机械工程学院徐向荣教授和材料学院张世宏教授等人，这些名师常年活跃在国际学术界，与国内外一大批高水平专家交流非常密切，为学校开展国际合作打下了良好的基础。在与国外高校开展科技合作基础上，学校先后与美国佛罗里达州立大学、普渡大学，德国汉堡大学，塞尔维亚贝尔格莱德大学、诺维萨德大学和普苹研究院，加拿大西安大略大学、韩国昌原国立大学和日本广岛大学等几十所国外高校签订了全面合作协议，进一步开展全方位合作研究与师生交流等。同时，安徽工业大学的国际合作也得到了国家科技部、安徽省科技厅和科技部国家外国专家局的大力支持，学校很多国际合作项目获得科技部国家重点研发计划项目、安徽省对外科技合作项目、科技部国家外国专家局高端外国专家项目、科技部国家外国专家局引智人才项目的大力资助，有效推动了国际合作项目长久持续的开展。

（二）合作过程

安徽工业大学，主要通过师生交流、科技合作、引进国外高端专家等方式，在与国外高校开展国际合作过程中收到良好效果。

2013～2019 年，安徽工业大学每年向美国佛罗里达州立大学、普渡大学、郎沃德大学，德国汉堡大学和韩国昌原国立大学等校派出本科生和研究生开展学生交流活动，鼓励在校学生攻读海外高校的学士、硕士或博士学位。

2013～2015 年，安徽工业大学徐向荣教授负责的机器人团队承担了中欧（塞尔维亚）政府间科技合作项目，与塞尔维亚贝尔格莱德大学和普苹研究院机器人研究所亚历山大教授等人的机器人团队开展了高速高精度机器人路径规划与动力学方面的研究，双方通过定期互访，促进了彼此进一步的了解，并且项目研究也取得了良好成果。在此基础上，2016 年安徽工业大学徐向荣教授的机器人团队获批安徽省对外科技合作项目，与塞尔维亚贝尔格莱德大学、普苹研究院，德国汉堡大学，美国佛罗里达州立大学以及安徽芜湖埃夫特智能装备有限公司共同合作开展"基于太阳能的移动服务机器人技术研究与产品开发"的项目研究。2018年，机器人团队又获批科技部国家重点研发计划－政府间国际科技创新合作重点专项项目，与塞尔维亚贝尔格莱德大学和普苹研究院亚历山大教授和彼特多维奇教授、诺维萨德大学斯特万教授以及安徽芜湖埃夫特智能装备有限公司、清华大学联合开展"移动式双臂协作机器人关键技术研究与实验"项目的研究。

安徽工业大学在与塞尔维亚贝尔格莱德大学和德国汉堡大学合作过程中研发了一种基于太阳能的移动服务机器人，移动机器人或无人车上带有五自由度机械手臂，机器人可以按照预定轨迹代替人完成一定的任务，如机器人可用于农业灌溉，也可用于城市街道自动清洗和花草喷水、野外巡查、侦察等，机器人的动力部分或全部可由太阳能发电机提供。研究团队前后发表论文 50 多篇，申请国家发明专利 50 多项，其中获得授权专利 20 多项，该项目不久前通过了安徽省科技厅组织的专家验收。

2014～2019 年，安徽工业大学承担了 2 项国家重点研发计划项目，6 项国家外国专家局高端外国专家项目和引智项目以及 4 项安徽省对外科技合作项目，这些项目都是支持安徽工业大学与塞尔维亚、越南等"一带一路"沿线国家进行合作的国际合作项目。自 2014 年以来，安徽工业大学与贝尔格莱德大学两校研究人员定期开展互访和交流，2016 年 6 月，安徽工业大学与贝尔格莱德大学签订了两校全面合作协议，两校校长一致表示两校要进一步开展全方位的科技合作与师生交流。

2015 年 6 月，安徽工业大学徐向荣教授等三人一行访问贝尔格莱德大学时，受到了塞尔维亚工程院院长 Kovacevic 院士的会见，并且参加了由中国工程院主席团名誉主席徐匡迪与塞尔维亚工程院院长关于《中塞两国工程院开展科技合作的协议》签字活动，现场聆听了徐匡迪主席在贝尔格莱德大学给塞尔维亚工程院院士做的报告。

2016 年 12 月，以魏先文副校长为领队的安徽工业大学代表团应邀访问塞尔维亚贝尔格莱德大学和德国汉堡大学，受到了塞尔维亚国家教育与科技部部长的会见，塞尔维亚国家工程院院长 Kovacevic 组织十几位塞尔维亚工程院院士为魏先文副校长团队一行举办了欢迎仪式。

2017 年 3 月，安徽工业大学客座教授、贝尔格莱德大学亚历山大教授还荣获安徽省"黄山友谊奖"，受到了安徽省时任省长李国英的会见与颁奖。

项目合作塞方负责人、欧盟工程院执行委员会委员、塞尔维亚国家工程院院士彼特多维奇（Petar Petrovic）教授还建议以贝尔格莱德大学和安徽工业大学两校为平台建立一个国家级的机器人与先进制造联合研究中心，中心由两国高校、企业和政府部门人员构成，塞尔维亚方面希望通过两校合作，进而增强和推动两国地区间交流合作。彼特多维奇院士的建议得到了塞尔维亚创新与技术发展部、教育与科技部部长和塞尔维亚工程院的大力支持，目前双方正在推进这项工作，努力把双方的合作拓展到更广、更高的层次。

在塞尔维亚工程院院长布兰科·科瓦切维奇（Branko Kovacevic）和彼特多维奇院士（Petar Petrovic）的提议下，2019 年 4 月 14 日至 17 日欧洲工程院（Euro – CASE）与中国工程院委托安徽工业大学在马鞍山承办了 2019 中国工程院 – 欧洲工程院院士论坛——"循证科技政策咨询论坛"，来自国内外 20 多名院士参加了本次会议，安徽省常务副省长邓向阳、中国工程院副院长何华武院士、时任安徽省科技厅副厅长罗平等人出席了会议，会议取得圆满成功。

2019 年 4 月，贝尔格莱德大学亚历山大教授和彼特多维奇院士等一行三人到安徽工业大学进行了一周多的交流，并且参加了由安徽工业大学和安徽省科技厅承办的由中国工程院、欧洲工程院、安徽省人民政府联合主办的中欧院士论坛。

2019 年 5 月，在徐向荣教授的联系下，塞尔维亚创新与技术发展部长波波维奇（Nenad Popovic）亲自发信邀请时任安徽省科技厅副厅长罗平等安徽省代表团成员，参加 2019 年 10 月在塞尔维亚贝尔格莱德举行的中国—中东欧创新合作大会，在会议期间，波波维奇部长会见了罗平厅长一行。

（三）合作亮点

将对外科技合作项目作为桥梁，推动了安徽省与塞尔维亚在更高和更广层次上开展合作。项目的塞尔维亚方合作教授之一彼特多维奇教授是塞尔维亚国家工程院院士，并且担任塞尔维亚创新与技术发展部部长波波维奇的科学顾问。在 2019 年在塞尔维亚贝尔格莱德举行的第四届中国 – 中东欧国家创新合作大会上，在塞方合作教授彼特多维奇院士的协调下，以时任安徽省科技厅副厅长罗平为团长的安徽省参会团受到了塞尔维亚方面的热情接待，波波维奇部长亲自与罗平厅长和安徽省代表团举行了会谈，表达了塞尔维亚方面希望大力与中国特别是安徽省在技术创新领域开展全面合作的愿望，热情邀请安徽省企业去塞尔维亚投资。并且彼特多维奇教授还表示，塞尔维亚创新与技术发展部非常重视与安徽省的科技合作，会议期间波波维奇部长还把塞尔维亚与安徽省的科技合作取得的成果向中国科技部部长王志刚和塞尔维亚总理布尔纳比奇做了介绍。目前，安徽省人民政府和塞尔维亚创新与发展部正在起草中塞双方合作协议，不久双方将会签字，另外，安徽奇瑞新能源汽车公司有意向去塞尔维亚投资建厂，努力让中国的产品走向欧洲和世界。

在对外科技合作项目基础上，在外方合作方支持下，2019年4月在马鞍山成功承办了2019中国工程院－欧洲工程院院士论坛——"循证科技政策咨询论坛"，来自国内外20多名院士参加了会议，安徽省常务副省长邓向阳、中国工程院副院长何华武院士、时任安徽省科技厅副厅长罗平等人出席了会议，会议取得圆满成功，扩大了安徽省在国内外的影响。

以安徽省对外科技合作项目为基础，安徽工业大学先后与美国佛罗里达州立大学，塞尔维亚贝尔格莱德大学、诺维萨德大学，日本广岛大学，韩国昌原国立大学等十几所高校签订了合作协议，建立了全面合作关系。

2018年安徽工业大学获批国家级国际合作基地——"特殊服役环境的智能装备制造国际科技合作基地"。

2019年3月，安徽工业大学举办了两期"安徽省海外名师大讲堂"活动，先后邀请了诺贝尔物理学奖获得者、美国科学院院士、哈佛大学谢尔顿教授来安徽工业大学做了关于粒子物理学方面的讲座。此外，2017年诺贝尔物理学奖获得者、美国科学院院士、美国物理学会主席、加州理工学院巴里·巴里什教授也受邀来安徽做关于天体物理学方面的讲座，讲座面向全省相关人员，使与会者与国际顶级科学家有了面对面交流的机会。

### 三、国际科技合作的经验与展望

"一带一路"沿线国家中的塞尔维亚对中国较为友好，与中国的合作愿望非常迫切，该国处于巴尔干半岛，国际地理位置也非常重要。根据塞尔维亚驻华大使和塞尔维亚创新与技术发展部长的介绍，塞尔维亚非常欢迎中国的企业，特别是机器人、新能源汽车和先进制造领域的企业。中国科技部与塞尔维亚创新与技术发展部在贝尔格莱德开辟大块地方，仿造中国的苏州工业园，建立"塞尔维亚中国工业园"，专门用于中国企业去投资建厂，塞尔维亚政府也发布最优惠的政策（包括提供资金）帮助中国企业投资。塞尔维亚创新与技术发展部长波波维奇表示，塞尔维亚政府目前把与中国特别是与安徽省在机器人与先进制造领域的合作放在非常重要位置，包括由塞尔维亚政府出资一部分在塞尔维亚开设生产中国新能源汽车和工业机器人的工厂。波波维奇部长亲自向时任安徽省科技厅副厅长罗平表达了期望与安徽省签订合作协议和邀请安徽省埃夫特机器人公司、奇瑞新能源汽车公司等安徽省企业去塞尔维亚投资的愿望。塞尔维亚目前是欧盟副成员国（Associate Member of EU），但是在出口商品到欧盟、美国和俄罗斯时享受"零关税"或与欧盟成员国同等的待遇，如果中国尤其是安徽省企业在塞尔维亚投资建厂，未来的产品有希望享受"零关税"待遇，这有利于打通去往欧洲和世界的市场。

　　眼下，美国和个别欧洲国家对与中国开展技术交流有所限制，因此，我国应做好充分准备，开辟新的国际合作空间，与"一带一路"沿线国家、北欧国家等开展进一步合作交流等，内容包括科技合作和帮助中国企业投资建厂，打开地区和世界市场。

# 第四节　安徽农业大学

## 一、国际科技合作总体情况

　　安徽农业大学依托茶与健康、微生物防治、蚕桑、水污染治理、农业信息化、畜禽新品种培育等优势领域，通过搭建国际合作平台，开展国际科技项目联合攻关，培养以优势学科为核心的创新人才和团队。学校围绕农林科学技术与生物资源开发领域，以项目合作研究、人才培养、团队建设、学术交流、资源共享等形式开展广泛合作，在取得技术成果、推动成果转化、创造社会效益、加强国际交流等方面获得了长足发展。

目前，安徽农业大学拥有"农林科学与生物资源开发国际科技合作基地""茶叶化学与健康国际合作联合实验室""中美大学农业推广联盟""安徽省蚕桑资源利用国际联合研究中心""安徽省园艺产品品质与采后生物技术'一带一路'国际联合研究中心"和"茶树生物学与品质化学学科创新引智基地"等多个国际科研合作平台和引智基地，已与 30 多个国家和地区的高校、科研院所建立了稳定的合作关系，多次承办大型国际合作交流会议。

**二、国际科技合作历程及主要做法**

安徽农业大学根据国家国际科技合作布局，与北美、西欧、澳洲等地合作伙伴保持密切合作，同时着眼于俄罗斯、东南亚、拉美、非洲国家和地区，对"一带一路"沿线国家农业科技需求开展针对性研究。

（一）农业物联网关键技术的引进与创新

1. 合作背景

作物生长实时监测与品质调控技术是现代农业物联网工程发展与应用的核心技术和难点，我国已建设的农业物联网系统大多侧重于农作物生长环境感知系统，在作物的光合作用、蒸腾作用、茎秆粗细、茎流水势、果实生长、叶温及叶幕微域环境等作物生长本体信息感知、品质调控领域存在技术"瓶颈"，灌溉制度和施肥方案亟待提高。以色列等现代农业发达国家均已掌握这些关键技术并将其用于实际农业生产中，指导节水灌溉，降低了施肥成本，改善了果实品质，调节作物成熟期，增加作物产量，获得了较高的经济收益。

自 2012 年起，在农业部引进国际先进农业科学技术项目（948 项目）、国家留学基金项目、国家外专局引智项目的支持下，安徽农业大学与以色列本古里安大学、Katif 研究中心、B. F. Agritech 公司等科研院所、企业开展农业物联网关键技术引进、消化吸收与联合研究，并于 2015 年与以色列 Agroweblab 和

Katif 研究中心成立了中以农业物联网联合研究中心。

2. 合作过程

在合作的过程中，安徽农业大学引进了以方 PTM – 48A 型光合生理检测系统、PM – 11z 作物生长本体信息采集套装，作物生长动态建模、作物水肥胁迫实时感知与品质调控技术。以方先后派遣 25 人次（其中 1 年期有 4 人次）来华，培训软硬件的安装、使用方法，为中方培训农业物联网技术研发人员 40 余人次，赴合肥长丰草莓大棚种植基地、芜湖大浦国家现代农业产业示范园区、安徽蒙城国家粮丰工程示范基地、安徽蚌埠海上明珠农业生态园等开展设备安装、数据采集与模型构建。安徽农业大学先后选派李绍稳、饶元等 15 人次（其中 1 年期有 5 人次）赴以开展合作研究。

通过消化吸收以方相关技术与合作研究，安徽农业大学在作物本体传感器设计与综合农情信息感知技术与装备研制、本体传感器部署、作物生长建模与水肥调控技术等农业物联网关键技术领域取得了国际先进的科研成果，并通过安徽省农业物联网示范工程进行了集成应用。

安徽农业大学积极推广应用研究成果，有效避免了传统农业中的施肥盲目，缓解传统农业带来的农肥污染严重、土地瘠薄化问题；有效改善作物品质、增加作物产量，为绿色食品的生产提供有效的手段，促进了农民增收与农业可持续发展。

3. 合作成效

合作的过程中，安徽农业大学共申请发明专利 23 项（其中已授权 11 项），授权实用新型专利 15 项，登记软件著作权 30 多项，在国内外重要学术期刊上发表高水平研究论文 50 多篇，培养研究生 29 名，获得省部级以上奖励 2 项。

（1）综合农情信息感知技术与装备。安徽农业大学融合气孔导度和茎流水势等作物生理指标、冠层和叶片温度、叶片图像、气象条件作物水肥胁迫实时建模诊断技术，结合我国设施农业生产条件、传统的作物水肥感知手段和我国的传感器制造工艺，研究相关传感器的标定与校准、设计方案和应用封装等技术。在此基础上研发多功能作物生长及环境因子监测系统、嵌入式农作物生长环境信息采集仪、通用化作物生长及环境因子便携式感知终端、基于终端—云服务架构的作物本体与生境信息立体化感知系统。

（2）作物本体传感器部署方案。安徽农业大学经过在小麦、玉米、草莓和番茄等生产环境中实际安装与使用作用本体传感器，通过数据分析与归纳总结，项目组得出了作物生长本体信息采集传感器在小麦、玉米、草莓、番茄、椰枣等作物的生产环境中待测叶片选择、测定方式、设备防护等共享部署方案和针对各种作物的个性化部署方案。

（3）作物生长建模与水肥调控技术。安徽农业大学构建了基于 DSSAT 的作物生长模型，研制了作物生理—环境参数分析和建模软件。结合黄淮流域主产小麦、玉米、水稻水肥供给规律，水肥胁迫信息感知，小麦、玉米、水稻等作物的产量、外观品质、营养品质等内容，通过整个生育期内跟踪实验建立了符合黄淮流域特征的小麦、玉米、水稻水肥胁迫与产量品质耦合模型。

（二）安徽农业大学-泰国国王科技大学采后保鲜技术合作研究

1. 合作背景

泰国既是我们的传统友好邻邦，也是中国"一带一路"倡议的重要节点国家。泰国素有"水果王国"的美称，由于其地理位置优越，气候宜人，是世界上主要的热带水果生产国。从泰国进口的新鲜芒果、榴莲、山竹等热带水果已经成为国内各地超市的热销品。根据海关统计数据，2017 年泰国已经成为中国水果的第一大进口来源国，占中国进口水果总量的 22%，约 12 亿美元。由于热带水果往往不耐贮藏，果实采后保鲜技术一直是泰国农业科技研究的重点领域，他们在果蔬保鲜方面的研究开展历史较悠久，特别在采后应用技术方面的研究特色鲜明，为泰国热带水果出口产业提供了技术保障。1997 年，中国和泰国签署了《中华人民共和国农业部与泰王国农业与合作部农业合作谅解备忘录》，为两国农业深入合作奠定了良好的基础。

2. 合作过程

该案例的主要完成人温波教授于 2005～2009 年在英国诺丁汉大学攻读博士学位，并从事果实采后贮藏方面的研究。在攻读博士期间，温波博士与现泰国国王科技大学采后生物学国家重点实验室主任 Chalermchai Wongs-Aree 教授和 Suriyan Supapvanich 博士在英国诺丁汉大学同一个实验室工作并建立了深厚的友谊。自 2013 年温波博士作为引进人才到安徽农业大学全职工作以来，双方一直保持了密切的合作关系。2018 年，时任安徽农业大学党委书记江春率领的代表团对泰国国王科技大学进行了正式友好访问，并签署了《安徽农业大学与泰国国科技大学合作谅解备忘录》，在此基础上双方开展了更为密切的合作与交流。

2016 年 7 月，由 Pattraporn Patthararangsarith 博士率领的泰国国王科技大学农业教育学院代表团访问安徽农业大学园艺学院。2016 年 8 月，温波教授回访泰国国王科技大学农业教育学院。2017 年 6 月，温波教授访问泰国国王科技大学采后技术创新中心（PHTIC）并作学术交流。2018 年 8 月，温波博士作为特约嘉宾出席了由泰国国王科技大学主办的果蔬采后生物技术研讨会，并做了《中国水果进出口现状》的主题报告。2019 年 9 月，泰国国王科技大学农业教育学院代表团再次访问安徽农业大学，探讨合作办学事宜。2019 年 11 月在安徽农业大学举办了"中泰采后生物技术研讨会"，中泰双方交流了果蔬保鲜加工技术方面的最新研究进展。2020 年受新冠肺炎疫情的影响，双方的合作交流由线下转到线上进行，并于 12 月成功举办了视频研讨会。

3. 合作成效

截至目前，温波教授课题组共接收了 4 名泰国交换生和 1 名访问教授来实验室开展合作研究。另外，课题组还接受了 2 名来自泰国国王科技大学的学生，他们分别在"中国—东盟海上丝绸之路奖学金"和安徽省政府奖学金资助下攻读硕士学位。

2016 年，项目组成功申请了中国科技部"发展中国家杰出青年科学家来华工作项目"及其延续项目，在该计划的资助下来自泰国国王科技大学的 Yaowapa Boon - Ek 于 2016 年 9 月开始在安徽农业大学园艺学院温波博士课题组进行为期两年的合作研究。Yaowapa Boon - Ek 作为主要完成人参与了安徽省科技攻关重大项目，其中关于桃的贮藏与保鲜特性研究的部分结果 *The Effect of Honey and Calcium Dips on Quality of Fresh - cut Nectarine*（*PrunuspersicaL Batsch*），已发表在业内高水平学术期刊 *Agriculture and Natural Resources* 上。

截至 2020 年底，安徽农业大学与泰国国王科技大学共合作发表论文 7 篇，其中关于茭白保鲜技术的研究成果 *UV - C Illumination Maintains Physicochemical*

*Quality of Water Bamboo Shoots*（*Zizania Latifolia*）*During Storage* 于 2019 年发表在国际著名采后生物技术杂志 *Postharvest Biology and Technology* 上。2020 年，中泰双方合作的另一篇关于莲藕保鲜的文章 *Effects of Simultaneous Ultrasonic and Cysteine Treatment on Antibrowning and Physicochemical Quality of Fresh – cut Lotus Roots During Cold Storage* 也在 *Postharvest Biology and Technology* 上发表。

2019 年，中泰双方成功申请了安徽省国际合作项目"泰国进口榴莲采后生物学及物流保鲜技术研究"，并于 2019 年 8 月成功举办"中国、泰国、马来西亚榴莲采后保鲜技术合作研讨会"，即项目启动仪式。中、马、泰三方在减少榴莲运输过程中的机械损伤与榴莲乙烯的催熟方面的合作研究取得进展，双方已合作授权实用新型专利 3 项，申请发明专利 1 项。在中泰双方不断努力与积累的基础上，2020 年温波教授申报的"安徽省园艺产品品质与采后生物技术'一带一路'国际联合研究中心"成功获批安徽省国际合作基地。

（三）东盟—家蚕素材创新与利用研讨会及蚕桑技术高级人才培训班

1. 合作背景

"丝绸之路"起始于古代中国，是连接亚洲、非洲和欧洲的商业贸易路线。我国丝绸产品在国际上保持着优势地位，蚕丝出口占世界蚕丝市场的 70%。近年来，随着中国经济的高速发展，蚕业生产规模逐年减少，在东盟国家如泰国、印度尼西亚、缅甸、老挝、越南等得以发展。东盟国家气温高，家蚕品种抗性资源丰富，但养蚕技术薄弱，品种产量低，品质差，迫切需要提升技术，而在我国农村劳动力严重缺乏的今天，省力化养蚕技术的推广迫切需要强健好养的家蚕新品种。由安徽农业大学承担的"东盟—家蚕素材创新与利用研讨会及蚕桑技术高级人才培训班"来源于科技部国际合作司支持的亚洲区域合作专项资金项目，项目主要通过技术援助提升东盟国家蚕业生产水平，旨在提升东盟国家养蚕技术水平。同时，通过技术合作和资源引进，提升我国的养蚕业资源利用水平，配合国家"一带一路"外交政策，推进亚洲区域合作、促进与东盟邻邦国家的友好关系。

2. 合作过程

2016 年和 2017 年，在科技部亚洲区域转项资金的支持下，项目组经过精心的组织，向东南亚国家包括泰国、印度尼西亚、缅甸、老挝等国发布邀请函，成功举办了东盟－家蚕素材创新与利用研讨会及蚕桑技术高级培训班，合计培训泰国、缅甸、老挝、菲律宾 32 人。第一次培训班于 2016 年 10 月 25 日至 11 月 5 日举办，来自老挝农林部、缅甸蚕业试验场、泰国皇后 Sirikit 蚕业司、Chiang Mai 大学、泰国 Jim Thompson 公司等从事养蚕业以及与养蚕业相关的研究和管理人员合计 14 人；第二次培训于 2017 年 8 月 25 日至 9 月 5 日举办，共有 18 人参加培训，主要是来自老挝蚕业公司、缅甸农业部、泰国皇后 Sirikit 蚕业司、Chiang Mai 大学、泰国 Chui Thai 丝绸公司、菲律宾 Cagayan 州立大学等从事养蚕业以及与养蚕业相关的研究和管理人员。

授课培训的主要内容为养蚕技术、蚕种繁育及家蚕育种技术、蚕病诊断及防治技术、桑树栽培及病虫害防治、蚕丝副产品综合利用、蚕蛹虫草的研究与开发、蚕丝功能基因分子生物学领域进展等。培训还特邀了中国农科院蚕业研究所李木旺所长、中国科学院植物生理生态研究所谭安江研究员、合肥工业大学魏兆军教授以及广东省农科院蚕业与农产品加工研究所唐翠明研究员等做了相关研究领域的专题报告。培训期间，还组织了学员们进行了实地培训，学员们参观了阜阳京九丝绸集团股份有限公司、安徽海鸿丝绸有限公司，学习了从缫丝到织稠及成品加工的全部过程；考察了黟县蚕区规模化农场、阜南县蚕桑家庭农场，学习规模化省力化的养蚕模式；参观了徐州鸿宇农业科技有限公司，学习了蚕蛹虫草的生产和加工过程；参观了安徽农业大学科学研究中心、家蚕资源保育中心，学习标准化养蚕操作及设计。

培训结束后学员们纷纷表示收获很大，所学的知识将会有助于提升本国的蚕业技术水平。两批学员回国后还积极宣传在中国学习的知识，用泰文编撰出版了两本著作，详细描述了培训期间的收获。

3. 合作成效

通过国际科技合作和引进泰国优质资源，选育了优质强健家蚕新品种 2 个，为"皖珠 2 号""皖珠 3 号"；选育优质蚕蛹虫草品种 2 个，为"皖蛹虫草 1 号""皖蛹虫草 2 号"。在中国开展技术培训 4 次，为泰国培训蚕业科研与技术人员 46 人次，人员交流互访 30 余人次。

### 三、国际科技合作的经验与展望

目前，安徽农业大学国际科技合作的主要方式为建设多层次国际合作平台、联合开展科研课题、人才引培、学术交流等，现将丰富的合作经历和密切的国际交流经验总结如下：

**（一）建设多层次国际合作平台以促进合作交流**

依托各类型国际合作平台具有整合学科优势、吸引优秀人才团队、引进高端稀缺技术、便于联合开展研究合作等优势。近年来，安徽农业大学以形成多层次、多类型的科技创新平台体系为目标，积极搭建国际合作新平台，通过多层次平台推动国际合作新发展。其中，经教育部批准，于 2016 年正式立项建设"茶叶化学与健康国际合作联合实验室"。该实验室是安徽省首个国际合作联合实验室，依托茶树生物学与资源及利用国家重点实验室，由安徽农业大学与美国罗格斯大学、科罗拉多州立大学、马歇尔大学等高校联合组建，就"茶叶化学与健康"等领域的关键科学问题与共性技术进行联合攻关。2017 年，在科技部、教育部、农业部的大力推动下，安徽农业大学与美国科罗拉多州立大学、加州大学、普渡大学、俄勒冈州立大学、内布拉斯加大学 5 所高校联合成立了"中美大学农业推广联盟"。通过定期召开"现代农业推广与技术转移国际会议"和建立统一的"现代农业推广与技术转移国际会议"网站等方式，鼓励联盟成员结合自身需要，开展多领域、多层次、多途径的合作。2018 年，经安徽省科技厅批准，安徽农业大学成立"安徽省蚕桑资源利用国际联合研究中心"，依托蚕学系优势，响应"一带一路"政策，与东南亚、日本、美国等国家开展密切合作。2019 年，经国家科技部和教育部批准，安徽农业大学展开"茶树生物学与品质化学学科创新引智基地"建设工作，统筹外国专家团队来华期间的教学科研工作和访问交流活动，发挥外国人才在学科创新中的独特作用。2020 年，经安徽省科技厅批准，成立"安徽省园艺产品品质与采后生物技术'一带一路'国际联合研究中心"，围绕我国与"一带一路"国家进出口园艺产品保鲜领域的突出问题开展研究，以"绿色"无公害保鲜技术为特色研究方向，推动国际合作向"项目—人才—基地"模式转变，为园艺产品进出口贸易提供技术支持。

（二）联合开展科研课题以取长补短

根据自身的优势，联合发展水平相当的学术研究机构、平台等开展科研课题是安徽农业大学主要的国际合作方式之一。这样的合作方式有利于双方之间各取所长，同时能培养国际人才，加强学术交流，可谓一举两得。

近三年来，通过这样的合作方式，安徽农业大学新增国家级国际合作项目6项，省级国际合作项目11项，获各级项目支持经费902万元，合作国家涉及东南亚、北美洲、东亚等多个国家地区。安徽农业大学2个合作项目被列入政府间合作："安徽农业大学—科罗拉多州立大学（AAU－CSU）农业推广与经济发展联合研究院"相关研究内容被纳入中美农业科技合作框架；"蚕蛹虫草培育与利用"相关研究内容被纳入中泰政府间合作项目。

（三）人才引培以加强软实力储备

人才是发展的根本性力量，重视人才的引进和培养能决定发展的潜力。为进一步聚焦科技发展前沿和学科发展需求，安徽农业大学于2019年成功获准"茶树生物学与品质化学学科创新引智基地"的建设，为统筹外国专家团队来华教学科研、访问交流起到了重要作用。此外，安徽农业大学也注重校内师生的国际交流培养工作，立足"精准引才"原则，通过多渠道的人才培引模式，为国际合作和发展提供了人才保障。其中，通过"2＋2"本科生联合培养、硕士生交换培养、南南合作外语人才培训等，近三年来派出363名本科生和研究生出国（境）学习，招收国际生156人。通过人才互派与人才引进、国家留学基金委青年骨干教师出国培训项目，安徽农业大学近三年来派出60多名教师、管理干部出国学习研修，170多名教师、管理干部出国参加国际学术会议。

（四）开展广泛学术交流以拓展眼界

承办或参与国际会议是促进国际学术交流的有效途径，师生可以通过在国际会议上的互相交流，了解国际科技前沿趋势和最新科技成果，同时外出学术交流考察更是促进国际合作协议签订的重要手段，是国际合作的主流方式之一。安徽农业大学与全球30多个国家保持稳定的科研合作关系，与泰国、美国、俄罗斯、阿塞拜疆、印度等国家签订友好合作协议。近三年来承办近10场国际大会议，参与百余场国内外学术交流会议。

# 第九章　安徽省企业国际科技合作典型案例

## 第一节　现代农业领域：安徽江淮园艺种业股份有限公司

### 一、国际科技合作总体情况

安徽江淮园艺种业股份有限公司（以下简称江淮园艺）由戴祖云研究员领头创办，是一家集瓜菜新优品种繁育、生产、销售、出口为一体的国家高新技术企业。科研水准处于行业内国内领先地位，部分产品达国际领先水准。销售网络覆盖全国市场，并出口至东盟、拉美、非洲、欧洲等地区。

江淮园艺以研发为特色，建有位于国内三大气候区（安徽合肥、广东湛江、甘肃酒泉）的 1300 亩品种研发基地，以及位于中美洲（哥斯达黎加）的境外研发基地一个，是"国家蔬菜工程技术研究中心安徽分中心""国家级瓜菜育种创新基地"的依托单位。先后荣获"中国蔬菜种业信用骨干企业（全国排名第三）""安徽省优秀民营企业""安徽省创新型试点企业"等资质，入选农业部"2017 年中国农业对外合作百强企业"。

江淮园艺一直坚持"走出去、引进来"相结合的对外合作方针，发挥国家引智项目成果示范基地和安徽省国际科技合作基地的优势，15 年来，已与哥斯达黎加、印度、巴基斯坦、孟加拉、埃及、泰国、印度尼西亚等国的高校、科研院所及企业就瓜菜种质资源、高效栽培技术、新优品种繁育、引进国外智力成果等领域展开多方合作，树立了良好的国际形象并提升了我国农产品和科技的国际地位。

### 二、国际科技合作历程及主要做法

（一）合作背景

江淮园艺自 2008 年开始拓展国际贸易业务，销售网络逐渐覆盖巴基斯坦、印度、孟加拉国、越南、马来西亚等国，随着"一带一路"倡议体系的推广，越来越多的国家与我国建立了双边合作机制，为"走出去"创造了良好条件，江淮园艺把握机会，先后在巴基斯坦拉合尔、印度新德里等地区建有品种研发及试验示范基地，依托自身的技术优势，根据当地的需求进行培育专门出口到某地区的品种，在扩大国际贸易的同时开拓了良好的合作渠道。

在印度市场，江淮园艺的辣椒品种在当地很受欢迎，其中"江淮 2 号"和"江淮 4 号"曾一度出现一种难求的局面，西瓜品种"夏丽"连续四年成为印度西瓜市场销量第一的品种。江淮园艺每年向印度市场出口辣椒、西甜瓜、豇豆、水果黄瓜等杂交种子约 2 吨。在孟加拉国市场，西瓜品种"绿龙 788""巨龙"和豇豆品种"海瑞"已成为市场主力品种，2016 年对孟加拉国市场种子出口量超过 1 吨。

2012 年起，江淮园艺开始承办由科技部支持的对发展中国家技术培训班，8 年来共培训了来自巴基斯坦、印度、泰国、埃及、埃塞俄比亚、哥斯达黎加、古巴、萨尔瓦多、墨西哥等 22 个发展中国家的 200 多位科研人员、教授、农企负责人和政府官员，并与孟加拉农业研究所、埃及国家农业研究所、泰国皇家理工大学生物科学学院、哥斯达黎加国家农业技术研发与转移中心、哥斯达黎加大学等开展产学研合作，由此开启国际合作的新篇章。

随着中拉"一带一路"对接之门的开启，拉美和加勒比地区成为国际格局中不断崛起的一支重要力量，投资前景广阔。哥斯达黎加作为拉美国家中两个与中国建立"战略伙伴关系"的国家之一，拥有全球8%的物种资源，并且政治稳定，投资环境良好。农业作为哥斯达黎加第二大经济支柱产业，在整个中美洲地区扮演着农产品种植及出口的重要角色。2012 年，哥斯达黎加农牧部向中国驻哥大使馆提出开展科技合作来解决哥国西甜瓜因病害导致持续减产的难题。经大使馆介绍，江淮园艺甜瓜品种"江淮蜜一号"和"红运"在哥国试种，结果较当地品种增产 20%～30%，双方随后开展了一系列瓜菜新品种选育、配套高效栽培技术创新和高层次人才交流等方面的合作。

（二）合作过程

1. 国际合作在中东地区开花结实

2012 年，江淮园艺与巴基斯坦开展了国际科技合作专项"针对巴基斯坦瓜菜新品种新技术的研发及产业化"，由江淮园艺与巴基斯坦探索质优种业合作，联合研究适合巴基斯坦栽培的优良新品种，并实现新品种、新技术在巴的示范与推广。该项目选育的抗病性、耐热性极强的甜瓜品种"香妃"目前在巴基斯坦市场占有30%的份额，参与合作的巴基斯坦籍育种专家海博·胡拉先生作为唯一的一个农业专家，曾获得 2012 年度"合肥市首届科技合作奖"殊荣。

2. 国际合作在拉美大陆繁花似锦

第一阶段：新优品种示范及产业化（2012 年至今）。截至 2020 年底，江淮园艺在哥斯达黎加培育西甜瓜新品种 32 个，推广 12 个，引进国外优质种质资源百余份。在哥国建立百亩科研示范基地 2 个，千亩示范基地 1 个，万亩示范片区 1 个，70 亩良种研发基地 1 个，累计示范推广甜瓜新品种 35000 亩。2017年，仅"江淮蜜一号"单个品种的销售额超过了 3000 万美元，利润超过 1200万美元。

第二阶段：中国—拉美农业联合研究中心建设（2016～2019 年）。在中国科技部的支持下，由江淮园艺负责在哥斯达黎加瓜那卡斯特地区建设由中方自主规划设计、施工建设的"中国—拉美农业联合研究中心"，研究中心于 2019年 12 月 18 日揭牌成立，哥国农牧部部长 Luis Renato Alvarado 先生、外贸部副部长 Duaynar Salas 先生、国家农业技术研发与转移中心主任 Arturo Sólorzano 先生、安徽省人大常委会刘明波副主任出席剪彩仪式并致辞。该项目成为目前哥半岛地区唯一的集组织培养、病虫害及农残检测、集约化育苗、纯度检测一体的多元化研究中心。

第三阶段：建立海外合资公司及自贸区（2017 年至今）。2017 年，江淮园艺联合 Melopen、Agricooper 两家外资单位合资建立 JH BIOTECH DEVELOPMENT CR. S. A，在中美洲开展种子研发及销售业务。该合资公司申请的哥斯达黎加国家级农业自贸区在 2018 年 11 月获得批复，首享 6 年免税优惠，于 2020 年 1 月 1 日正式运行。自贸区的建立，为省内企业提供了一个面向拉美、开放共享、抱团出海的商业平台。

第四阶段：与政府职能机构开展合作（2017 年至今）。江淮园艺自 2017 年以来，先后与哥斯达黎加国家农业技术研发与转移中心（INTA）、哥斯达黎加大学（UCR）签署合作协议，协助哥斯达黎加国家农业技术研发与转移中心在哥斯达黎加开展蔬菜种植结构调整及新技术集成的试点，并联合哥斯达黎加大学连续两年在哥国举办由中国科技部主办的国际合作培训班境外班，累计培训中美洲 8 个国家 62 名农业技术专家。江淮园艺还与哥斯达黎加国家农业技术研发与转移中心、哥斯达黎加大学达成了科技人员的长期互访交流机制，多位专家开展交流工作半年以上，其中，来自哥斯达黎加国家农业技术研发与转移中心的 María Cristina Vargas 是安徽省首位获得 R 类高端签证的外专。

第五阶段：协助推进两国政府间农业科技合作磋商（2018 年至今）。2018 年初，哥驻华大使向中国科技部提出合作共建"中哥智慧城市"的设想。同年 10 月，哥国农牧部部长助理 Siguard 来华考察，与江淮园艺、中国科学院合肥物质研究院、中科大先进技术研究院探讨共建"中哥智慧农业示范园区"的方案，并在拜访科技部时提出。同年 11 月，中国科技部国际科技合作司团组、安徽省科技厅团组先后出访哥国，哥农牧部正式提出"智慧农业示范区"合作，并表示哥国愿提供项目所需的办公、示范园区土地及完善的配套设施，希望引进中国技术、设备、品种在哥国集成研究和示范，并希望签署合作框架协议。

2019 年 4 月，哥斯达黎加农牧部部长 Luis Renato Alvarado 先生率团访华，除受邀参加"一带一路"高峰论坛外，主要意图就是调研"中哥智慧农业示范园区"合作共建的可行性，并与有关部门签订战略合作意向书，访问安徽期间，其得到张曙光副省长的大力支持，并就会谈结论发布了对外合作备忘文件。

（三）合作亮点

1. 境外国际培训班的举办

江淮园艺在中国科技部、中国驻哥斯达黎加大使馆、安徽省科技厅的支持下，连续两年（2018～2019 年）在哥斯达黎加圣何塞举办发展中国家农业技术培训班，这是我国首个在中美洲举办的官方性质境外技术培训班，以中外教授共同授课为特色，共接收了哥斯达黎加、古巴、墨西哥、厄瓜多尔等 8 个国家的 68 名拉美高校教授、科研人员、行业专家、农企高管和政府官员，包括洪都拉斯、危地马拉等暂未与中国建交的国家学员，向他们树立了良好的中国援外形象，也获得了中外政府部门、拉美各国学员和主流媒体的一致好评。

2. 中哥农业自贸区的建立

2019 年 12 月 18 日，中国—拉美农业科技联合研究中心落成暨中国—哥斯达黎加农业自由贸易区剪彩仪式在哥斯达黎加瓜那卡斯特省 Puntarenas 地区正式开幕，这是在中国科技部和哥斯达黎加农牧部的大力支持下，由安徽省政府直接推动，安徽江淮园艺种业股份有限公司承担的农业科技项目，由中方规划设计并与哥斯达黎加工程师共同施工完成。自贸区占地面积 1.7 公顷，中心建筑面积 680 平方米，累计投资超 1200 万元，是目前哥斯达黎加尼科亚半岛地区唯一集瓜菜作物组织培养、病虫害及农残检测、集约化育苗、纯度检测为一体的多元化研究中心，同时也是中国企业在美洲建立的第一个农业自由贸易区。哥斯达黎加农牧部长 Luis Renato Alvarado 先生对本项目进行了高度的称赞，指出"它在国家层面具有重大影响，不仅仅能服务于哥斯达黎加尼科亚半岛及其周边地区的农业生产，更能成为面向拉丁美洲其他地区进行农业高新技术转移和应用展示的窗口"。

3. 高层次人才的交流

江淮园艺开展合作以来，一直致力于为中外高层次人才交流搭建平台，通过科技部、商务部对外科技培训班、中拉科学家交流项目、国际杰青项目等，完善了国家引智示范基地的功能。

一是引进海外高层次人才。巴基斯坦籍育种专家海博·胡拉先生带来的育种方法在合肥市西甜瓜品种改良上取得了显著的成绩，因其出色的工作及对我市西甜瓜产业发展的贡献，作为唯一的一个农业专家被授予"合肥市首届国际科技合作奖"的殊荣。哥斯达黎加籍西甜瓜专家 Ock San Aju 先生，2013 年起与江淮园艺合作评估海内外西甜瓜种质资源，先后在哥斯达黎加帮助进行"红运""江淮蜜系列""金童系列""哈绿族系列"新品种的试种、示范和推广工作，荣获"合肥市 2017 年国际科技合作奖"。2018～2020 年安徽省引进的 3 位哥斯达黎加籍专家 María Cristina Vargas 女士、María Stephanie Quiros 女士和 Marcelo Murillo Quesada 先生在华期间在完成科研工作的同时，积极推动双边政府职能机构的交通往来，配合推动了 2019 年 10 月哥斯达黎加农牧部部长助理 Sigurd Vargas 先生以及 2020 年 4 月哥斯达黎加农牧部部长 Luis Renato 先生的来华活动，他们参观了中国科学院、中国农科院、中国科学技术大学、中科大先进技术研究院、中科院合肥智能机械研究所、安徽浩翔农牧有限公司等科研院所、农科企业，活动展示了我国先进的农业高新产品和技术。

二是搭建国内高层次人才"走出去"的平台。借助江淮园艺在哥斯达黎加建立的中拉中心，2019 年 3 月 14 日，中科院智能机械研究所、中科大先研院专家受邀在哥斯达黎加农牧部召开了智慧农业专题交流讲座，哥斯达黎加农牧部组织了数十个相关部门参加。本次交流取得了良好口碑，为中哥智慧农业合作奠定了良好的基础。

（四）合作成效

新华社曾专门做了《中国哈密瓜香飘哥斯达黎加》的专题新闻报道。

2012～2018 年，科技成果在哥斯达黎加取得显著实效，受到哥斯达黎加各界的广泛关注。哥斯达黎加农牧部部长专程致感谢信感谢时任科技部部长万钢，并表态继续支持中国企业在哥开展农业科研相关工作。

2015 年 9 月，在厄瓜多尔举办的"中国—拉共体科技创新论坛"上，时任科技部部长万钢对江淮园艺在拉美国家开展的西甜瓜培育给予了高度评价——"从以前的人员交往，迈上了农业科技创新与合作的新台阶"。

2018 年 3 月，在哥斯达黎加举办的"针对拉美国家瓜菜新优品种选育及配套技术应用与示范国际培训班"上，哥斯达黎加农牧部部长、哥斯达黎加大学校长、中国驻哥大使馆科技参赞对江淮园艺给予高度评价——"看到了世界强国的农业发展现状及科技水平，远远超出我们的想象"。

2018 年 10 月，中国科技部国际合作司叶冬柏司长在访哥斯达黎加期间，对项目双方合作成果提出了充分肯定，表示"中哥农业科技合作为两国农业发展、乡村振兴、农民增收打下了坚实的基础"。

2019 年 3 月，中国驻哥斯达黎加大使汤恒先生在出席"针对拉美国家智慧农业应用与示范国际培训班"开班典礼上表示，"相信哥农牧部部长在 4 月的访华活动，将巩固两国农业科技合作的现有丰硕成果，推动更多创新合作落地"。

2019 年 12 月，哥斯达黎加农牧部部长 Luis Renato Alvarado 先生出席中国—拉美农业科技联合研究中心暨江淮生物科技有限公司（哥斯达黎加）农业自由贸易区开幕式时致辞，"它在国家层面具有重大影响，不仅能服务于哥斯达黎加尼科亚半岛及其周边地区的农业生产，更能成为面向拉丁美洲其他地区进行农业高新技术转移和应用展示的窗口"。

### 三、国际科技合作的经验与展望

（一）国际合作经验

开展国际合作的主体单位要以平等、包容、共享的态度与合作方打交道，要整合国际人才团队，提高团队素质，与合作方形成利益共同体、命运共同体、责任共同体。

在开展国际合作的过程中，也要履行好社会责任，要注重与当地政府、媒体、行业协会、社区居民、非政府组织等沟通交流，遵守相关法律法规的同时，了解和尊重当地的文化习俗和文化禁忌，一是重视与新媒体的关系，二是注重与当地的华人商会、华人华侨等海外同胞的关系，有助于寻找合适的合作伙伴，也便于在当地开展活动时获得建议、指导和沟通帮助。

开展国际合作的主体单位要时刻保持敏锐，建立相关风险预估和预防体系，把握对国家大政方针和国际形势的导向，充分利用各大科研院所的智库资源，避免"单打独斗"，实现信息共享，合理规避风险。

民心相通是国际合作的根基，人文交流是民心相通的实现载体。开展国际合作的主体单位要把控好"走出去"和"引进来"的步伐节奏，积极融入双边合作机制和相关职能机构、高层次人才的交流平台，以沟通促进双方了解，为国际合作活动的开展奠基。

（二）国际合作展望

共建"中哥智慧农业示范区"，推动跨领域成果示范应用。针对哥方发展需求，为推动现代农业高新技术的创新和转换，在两国政府的支持下，依托现有基地和平台，江淮园艺寄望于联合中科院智能机械研究所、中科大先研院、安徽袁氏农业和 INTA 等国内外研究机构和企业，共建"中哥智慧农业示范区"。以智慧农业为主题，以瓜菜产业为特色，开展农产品资源创新研发与示范推广（瓜菜类、旱稻）、智能农业（智能装备＋农产品选育及种植全程化智能管理）、光伏农业（光伏板与瓜菜品种种植共生＋光模拟植物工厂）三大领域的跨学科研究及示范工作，以国际科技示范合作带动现代农业高新技术发展和成果转化。

多渠道开展科技人员交流，"以点带面"用技术编织中美洲国家农业科技合作网。江淮园艺继续通过专家研讨会、学术讨论会、来华工作项目和技术培训班等多渠道搭建科技人员交流的桥梁，同时以哥斯达黎加为起点，与中美乃至拉美其他国家建立联系，推动农业科技合作的多元化和多样性，共享发展经验和成果，为达成"人类命运共同体"贡献力量。

# 第二节　高端装备制造领域：安庆中船柴油机有限公司和安徽华菱汽车有限公司

## 一、安庆中船柴油机有限公司

（一）国际科技合作总体情况

安庆中船柴油机有限公司（以下简称"安柴公司"）作为船用柴油机的定

点生产企业，在其发展的过程中，多次与国际开展科技合作，提高自身的科技创新水平。其中，与日本大发株式会社和奥地利 AVL 李斯特公司的合作是最典型的案例。

安柴公司从 1981 开始与日本大发公司开展合作，引进日本大发品牌柴油机的专利技术，专业生产"安庆—大发"品牌柴油机，经过近 40 年的合作，分别引进了 PS、DS、DL、DC、DK、DE 等一系列多款机型，这些机型代表了当时先进的制造技术和先进性能。特别是目前正在生产的 DK 及 DE 系列机器，满足 IMO 国际组织和国标的排放标准，属于绿色环保产品，有极好的市场需求。

近年来，安柴公司推进自主知识产权发动机研发项目，并与全球规模最大的内燃机设计开发公司——奥地利 AVL 李斯特公司开展技术合作。通过外国专家现场技术指导、委派员工赴奥地利开展合作设计等方式，充分利用国外先进数据库及设计经验，成功开发出自主品牌 ACD320G、ACD320DF 两款中速船用天然气发动机。鉴于前期良好的合作基础和卓有成效的合作成果，安柴公司与 AVL 公司继续开展合作，目前正在合作研制 ACD320D 中速船用柴油发动机。

（二）国际科技合作历程及主要做法

我国是造船大国，但被称为船舶"心脏"的国产船用柴油机性能指标与国外发达国家生产的柴油机技术水平相比，还有较大的差距，目前我国柴油机国产自给率不到 50%，超过一半需要进口。一些关键技术仍未被我们掌握，在柴油机设计及制造方面还有待提高。在此背景下，安柴公司以国际科技合作为契机，坚持走"引进—消化—吸收—再创造"的国产化技术创新之路，为推动船舶发动机的"中国制造"向"中国智造"和"中国质造"转换升级贡献力量。

安柴公司自 1981 年开始与日本大发公司合作，最初引进 PS－26、DS－18 发动机生产技术，这两款机器成为安柴公司 20 世纪八九十年代的主打产品。进入 2000 年以后，安柴公司分别引进 DL－20、DK－20、DK－26、DK－28、DK－36 系列发动机，近两年又引进了 DE－18、DE－23 两款高性能发动机。安柴公司引进的发动机性能基本与日本大发的保持同步，确保了安柴公司产品始终处于国际领先位置。

在与日本大发公司合作过程中，日本大发公司除将全套技术资料提供给安柴公司外，每年定期将技术革新的更改资料提供给安柴公司，保证了安柴公司产品的技术性能和产品质量始终与日本大发公司产品保持一致。在合作过程中，大发公司每年派技术、管理专家来安柴公司进行技术、生产和质量指导，提升安柴公司产品质量；安柴公司每年也派相关技术、管理等方面专业人员前往大发公司研修，学习日本大发公司先进的制造技术和管理模式。其间，日本大发公司还派管理专家常驻安柴公司，帮助安柴公司提升生产环境，打造一流生产制造企业。

安柴公司依靠"安庆—大发"品牌在国内船用柴油机市场始终拥有较大的市场占有率，成为国内定点船用柴油机生产商之一。截至目前，安柴公司共生产船用柴油机6000余台，产品遍及全球各地，产品也因性价比较高、结构简单、维修成本低等优点而深受客户喜爱。

在积累了丰富的专利机生产技术、经验后，近年来，安柴公司开展自主品牌发动机研制工作。发动机设计是一项复杂的技术活动，不仅需要先进的设计手段，还要有大量的数据库支撑，仅依靠安柴自身的技术力量是很难完成的。为顺利完成研制工作，很有必要寻求外部力量支持。2014年，安柴公司与世界著名的内燃机设计开发公司 AVL 李斯特公司签订技术合作协议，联合开发 ACD320G 中速船用天然气发动机和 ACD320DF 中速船用双燃料发动机。同年，安柴公司委派5名工程师赴奥地利 AVL 公司开展联合设计工作。借助 AVL 公司先进的设计平台、丰富的柴油机设计经验，设计团队圆满完成两款机型设计的工作，并学习了国外先进的设计手段，提升了设计人员的技术能力。技术人员回国后，由 AVL 公司提供远程技术支持，解决发动机制造过程中出现的难题。2016~2019年，在样机调试阶段，AVL 多次派遣资深工程师赴安庆进行现场技术指导，帮助安柴顺利解决了发动机调试过程中出现的问题，目前两款机型已取得进入市场的许可证——船级社型式认可。这两款机型的问世，弥补了我国大功率船用天然气发动机领域空白，其性能指标处于国内领先、国际一流水平，打破了国外对该领域的技术垄断地位。2020年，安柴公司着手开发 ACD320D 柴油发动机，在以往合作的基础上，安柴公司选择与 AVL 公司继续加强技术合作。突发的疫情，虽然暂时性地隔断了两地的往来，但并未阻隔技术的交流，借助视频会、邮件，安柴公司开发人员与 AVL 技术专家就发动机开发过程中的技术问题进行了深入探讨。目前，安柴公司已成功研制该型发动机样机。

（三）国际科技合作的经验与展望

在技术引进的基础上，实施消化、吸收、再创新，是实现技术进步的有效手段，可总结出如下经验：

（1）在做好知识产权保护的前提下，开展科技合作。在国际合作的过程中，可能会涉及知识产权归属问题。可指定专人学习知识产权国际规则，并借鉴国外先进经验，使我们掌握国际规则并提升应用能力。只有通过知识产权保护，才能明确各方权益，促进先进技术和科技资源共享。

（2）利用好国家的相关支持政策。一直以来，我国政府积极引导企业开展国际科技合作，在支持国际科技合作方面有较多的政策，安庆中船柴油机有限公司在相关的国际科技合作中也获得过一定的资金支持，解决了部分安庆中船柴油机有限公司的科研经费来源问题。

（3）牢记创新的本质要求。受企业本身科技条件的限制，以引进、消化、吸收、再创新为主的国际科技合作方式是现实的选择，企业的自主创新之路有一个从低级到高级的过程，不能只满足于引进、消化、吸收，而忽略了最重要的再创新过程。我国在加强国际合作的背景下，要逐步建立自己的研发体系。

（4）选用最适合自己的合作模式。在与日本大发株式会社的合作中，我们采取专利引进的方式，掌握对方先进的发动机型的生产制造技术。邀请对方技术专家来安庆中船柴油机有限公司进行现场指导，提升公司制造能力。同时，每年派相关技术、管理等方面专业人员前往日本大发公司研修，学习日本大发公司先进的制造技术和管理模式。在与 AVL 公司的合作中，安庆中船柴油机有限公司采取共同设计的模式，AVL 具有丰富的理论知识及设计经验，安庆中船柴油机有限公司具有丰富的工程化制造经验，取长补短，合作开发。派出的工程师融入对方的设计体系中，学习了先进的设计理念和技术手段。

（5）适当引进关键测试设备及设计软件。国外的发动机行业，不仅技术比我们先进，在软硬件设施上也有值得我们学习改进的地方。丰富的数据库、先进的设计软件以及精准的测试设备，使国外的发动机相关技术领先于国内。因此，适当引进国外先进的测试设备和设计软件，对于安庆中船柴油机有限公司技术发展具有积极意义。

受限于自身的技术能力，未来一段时间，安庆中船柴油机有限公司应继续加强国际合作，在合作中掌握发动机行业前沿技术。不仅要获取国际先进技术，还要借助外部力量，搭建适合自己的研发体系，走好走稳引进、消化、吸收、再创造之路。

**二、安徽华菱汽车有限公司**

（一）国际科技合作总体情况

节能环保大功率发动机国际科技合作基地，依托安徽华菱汽车有限公司，拥有国家认定的技术中心、国家级工业设计中心、省级工程技术研究中心和博士后工作站，具备整车底盘、发动机、变速箱及车桥的研发、制造和销售能力，并配有整车底盘、发动机等零部件试验测试能力，试验设备先进，并可以快速实现产品的工程化。公司历来非常重视国际合作，同奥地利 AVL 公司、德国博世、恒轮、美国康明斯、霍尼韦尔及辉门等建立了长期良好的合作关系。

首先，华菱汽车有限公司与意大利博通公司合作开发"第二代高端重卡驾驶室"项目，项目主要以欧盟法规标准为目标，联合设计开发具有国际先进水平的高端重卡驾驶室，并造就一批有实力的专家。星凯马系列车型是该项目的主要成果之一，主要针对国际市场、国内沿海发达地区和高端市场而开发，是与奔驰、沃尔沃、斯堪尼亚等国际知名大品牌竞争的中国自主品牌的高端重卡产品。华菱汽车有限公司通过国际合作引进并吸收了整车关键技术、高端驾驶室安全技术等，培养了一批整车专业技术人员，构建了华菱汽车高端人才平台，配置自主开发的发动机、变速箱和车桥的星凯马系列重卡获得了安徽省科学技术一等奖。

其次，华菱汽车有限公司与 AVL 李斯特合作开发新一代节能环保大功率发动机，通过国际合作项目，开发的重型高效发动机，排放满足国五、国六排放标准。项目产品获得国家授权发明和实用新型专利 300 余项，其中授权发明专利近 50 项，参与制定行业标准 3 项，培养硕士研究生和专业工程技术人员 100

多人。

（二）国际科技合作历程及主要做法

基地采用"引进、消化吸收、再创新"和"联合开发"的国际合作模式，通过重点项目培养企业自身的研发团队，掌握关键技术，开发出具有自主知识产权的产品。近年来，基地与美国、德国、奥地利、意大利、日本等国家一流研发与设计公司，签署了一系列合作协议，在发动机产品开发、发动机技术培训交流、人才交流等多个领域开展了卓有成效的合作。

在发动机产品开发方面，安徽华菱汽车有限公司与 AVL 公司合作开发新一代节能环保大功率发动机，排放满足国五、国六排放标准。项目产品通过以院士为组长的专家组技术鉴定，产品具备低速大扭矩，节能、环保、安全和可靠的优势，对行业技术进步有重要的推动意义。它可以有效替代进口、扩大出口，除用于重卡外，还可应用于客车、工程机械、船舶、发电机组、军用车辆和军用装备等，也可用于航母等重大国防装备。产品先后参加汉诺威工程机械展览会、上海国际内燃机及零部件展览会、上海宝马展等海内外知名展会，为中国品牌提升国际知名度起到了良好的示范作用。通过国际合作，产品开发理念得到不断完善，产品设计和工程化同步进行，既保证了产品的先进性，也保证了产品的工艺性及可服务性，项目产品以其优异的性能被海内外客户充分认可，产品已经销售到越南、安哥拉及马来西亚等多个国家和地区，展示了中国自主品牌的核心竞争力，为中国企业走出国门起到了良好的引领和示范作用。

在发动机技术培训交流方面，通过国际合作项目，邀请如 AVL 公司、博世公司、德尔福公司、霍尼韦尔公司等国际顶尖企业进行技术交流，组织企业人员无缝对接，了解国际顶尖企业的发展历程、研发理念、研发体系及创新案例，特别值得学习的是模拟分析、试验分析、产品开发流程等方面的经验。在学习国外的分析方法、解决问题思路及流程规范以后，安徽华菱汽车有限公司建立了具有自身特色的一套研发流程，一方面利用外方多项技术、如机械开发技术、燃烧技术，性能和排放技术及 NVH 技术；另一方面利用外方多项设计，如高低温试验系统、气道分析系统燃烧分析设备等，对提高企业自主创新能力和研发水平有很大的帮助，为企业的研发提供了有力的保障，同时，也提高了企业的知名度。安徽华菱汽车有限公司通过技术创新，持续改进产品，提高产品核心竞争力，提高市场份额，为企业的国际化道路奠定了基础。

在人才交流方面，截至 2020 年底，基地共接待来访外宾 600 余人次，累计超过 200 多人次出国进行考察访问、参与联合研究、参加研讨会和培训；承担多项国际科技合作项目。通过积极开展国际合作，引进国外柴油发动机优质资源、技术和智力，解决我国柴油发动机生产的关键技术，进一步增强了我国柴油发动机科技自主创新能力和科技竞争力。

（三）国际科技合作的经验与展望

1．面向技术前沿，与国际一流机构共建研究机构

凭借中方与外方建立的多年的良好合作互信和交流机制，把高技术人才和创新科技项目聚集在一起，通过各信息交流和项目合作来探索和发现新的先进科技技术。将国际科技合作基地建设成面向国内外、具有国际先进水平的节能环保大功率发动机研发场所，成为培养发动机研发专业人才和创新成果转化的摇篮。

2．面向多国合作，开展多渠道、多范围的国际合作

更大程度聚集重型发动机研发的优势资源，拓展对外科技合作的广度和深度，结合国际科技项目合作机构多的特点，扩大合作领域和合作对象，在与奥地利 AVL 合作的基础上，逐渐将国际合作扩展到其他国家。

3．加强合作交流，推进多元化发展模式

通过参加国际学术会议和考察访问，扩大合作国家和合作单位，不断开展新的研究课题。探索采取分工合作研究与转化、技术咨询与培训服务、人才交流培养和学术交流与合作等有利于推进国际合作进程中合作方式的多元化，来寻求合作双方长期、有效、共进的"双赢"局面，真正达到优势互补、强强联合、长久合作的发展模式。

4．提升国际科技合作层次和水平的重要抓手

以"国家国际科技合作示范基地"为基础，进一步拓展合作渠道，创新合作方式，丰富合作内涵，不断提升国际科技合作的层次和水平。在巩固与现有国外伙伴的合作关系的基础上，主动把握国家外交政策导向，重点针对纳入政

府间科技合作框架内的国家，认真遴选合作伙伴国及其相关科研机构，加大与国外科研院之间的科研合作与学术交流，努力构建全方位、多层次、宽领域的国际科技合作格局。

# 第三节　生物医药领域：安徽一灵药业有限公司

## 一、国际科技合作总体情况

安徽一灵药业有限公司（以下简称"一灵药业"）与 Amarillo Biosciences Inc 美商康华全球生技股份有限公司（以下简称"ABI 公司"）已经签署战略合作协议，成为合作伙伴。ABI 公司拥有 100 项科学和临床数据研究资料，是一家多元化的医疗保健公司。合作期间，ABI 公司提供合作产品和技术，一灵药业负责在国内的产品的申报、运作，共享国内知识产权。前期就低剂量口服干扰素项目进行申报中国临床试验，目前就低剂量口服干扰素的适应症与药审中心已经进行沟通交流。合作双方除了产品合作外，双方就技术也进行了深入的交流，同时一灵药业派遣技术骨干到 ABI 公司进行学习交流。

## 二、国际科技合作历程及主要做法

### （一）合作背景

一灵药业有限公司是由留美博士顾世海于 2014 年创办的医药企业，顾世海是中组部特聘专家，其他主要成员均在世界上享有盛誉的大型跨国医药公司从事研发工作，具有丰富的研发经验和能力。公司成功开发包括抗肝炎、抗艾滋病等最新药物的合成工艺，生产出这些产品的中间体和 API。公司秉承"与世界同步"的理念，致力于成为创新和高品质药品研发、生产、销售相结合的医药企业，拼搏进取、勇于创新，不断实现企业发展的新跨越和新突破。公司是 2017 年安徽省扶持高层次科技人才团队在皖创新创业项目。

ABI 是一家多元化的医疗保健公司，致力于制药和生物技术产品的开发。ABI 公司的目标是推出新产品，积极刺激和振兴人体来对抗疾病，提高治愈能力。ABI 公司在发展低剂量口服干扰素作为多种适应症［如血栓细胞减少症、Sjögren 综合症、丙型肝炎病毒（HCV）和流感］的治疗方法方面处于行业领先地位，这是一个潜在的数十亿美元的市场机会。ABI 公司主要通过三个部门运营：制药、医疗和消费性产品。制药部门利用专有的数据库，对低剂量口服干扰素的各种人类和动物应用进行超过 100 项科学和临床数据研究，与全球合作伙伴一起获得专利许可和商业化机会。医疗部门专注于开发一种创新的、最先进的技术，用于治疗亚洲的代谢相关疾病，如第 1 型和第 2 型糖尿病，此外还授权分销外科伤口护理产品。消费性产品部门包括一系列营养和食品补充保健产品，这些产品是利用 ABI 独特的微脂体输送系统所研发而成的。ABI 公司目前在美国和台湾地区均设有办事处。

（二）合作过程

良好的合作为 ABI 公司打开拥有 30 亿人口的亚洲市场。根据相关指标显示，亚洲在人口基数、疾病人口统计、创新医疗保健需求方面，都是 ABI 公司不可或缺的。与在各自市场中具有竞争优势的有意愿与有能力的本地企业进行合作，现在正是最适当的时机。因此，一灵药业与 ABI 公司成功签署合作协议。

（三）合作亮点

ABI 公司有 100 项科学和临床数据研究资料，一灵药业负责国内市场的运作，及向国家药审中心进行申报，同时，分享国内的知识产权。双方就技术方面进行深入的交流，同时一灵药业派遣技术骨干到 ABI 公司进行学习交流。

（四）合作成效

一灵药业就低剂量口服干扰素项目完成了资料的整理，已经开始与国家药审中心（CDE）的专家关于申报适应症进行讨论。

**三、国际科技合作的经验**

美国 ABI 公司是一灵药业第一家对国外合作的企业。目前，两家企业已建立长期稳定的合作关系。

第一，合作"双赢"：两家企业合作是一种"双赢"的局面。与 ABI 公司合作，有助于 ABI 公司一些优秀基础研究和应用研究成果加速实现产业化，对双方都大有裨益。同时，随着安徽一灵药业有限公司科研能力的不断增强，高新技术开始呈现双向流动的趋势。双方经过持续不断的努力，包括双方人员的互访，能够使双方增进对彼此的了解，进一步增强双方长期合作的意愿。因此，双方互利、互惠、共赢的合作有利于两家企业的长期发展。

第二，重视知识产权保护：知识产权保护是合作中双方都非常重视的问题。寻求长期稳定的合作关系，必须以知识产权保护为前提，只有保护好知识产权，双方的合作才会长久持续。因此，知识产权保护是双方签订合作协议中特别强调的问题。

### 四、国际科技合作的展望

一是扩大人才交流范围，加强人才培养。对于自身的发展和需求，加强对科研团队人员的管理和培养。二是拓宽合作渠道，有效利用国外资源。在原有合作渠道的基础上，寻找更多的合作伙伴，进行多样的合作模式。积极寻找合作研究项目，利用国外的资金、技术、资源加快自身科研团队能力的提高和公司的科研基础的建设。三是加强引智成果的消化吸收。继续大力加强引智成果的消化、吸收和创新，强化引智成果的推广力度，把引智成果列入公司的发展战略，把已经证明效果显著的技术进行引进和推广。

# 第十章 安徽省科研机构、科技服务机构国际科技合作典型案例

## 第一节 中国电子科技集团公司第三十八研究所

### 一、国际科技合作总体情况

中国电子科技集团公司国际合作工作起步早、基础好、发展快，先后与多家国际科研机构开展了多个科研项目研究及产品开发，已同比利时 IMEC 和鲁汶大学、澳大利亚悉尼科技大学、英国谢菲尔德大学、曼彻斯特大学和剑桥大学等多家海外科研机构及法国泰雷兹公司、白俄罗斯阿噶特等著名企业建立了长期稳定的战略合作关系，在电磁场与微波技术、深空探测技术、微电子技术、光电集成技术等热点技术领域取得一系列科研成果，逐步形成了高水平、多层次、宽领域的对外交流合作工作格局。

### 二、国际科技合作历程及主要做法

国际合作项目名称为"超宽带稀疏相控阵天线工程优化算法与原理样机研制"，合作方为英国伦敦大学玛丽女王学院，项目合作时间为 2018 年 1 月 1 日

至 2020 年 12 月 31 日，期间获得安徽省科技厅对外合作资金 50 万元、中国电子科技集团公司第三十八研究所自筹资金 163 万元的支持。该项目重点研究简单快速并可以有效付诸实践的工程设计的超宽带稀疏相控阵天线的优化算法，并构建原理样机进行超宽带稀疏阵列特性的实验验证。中国电子科技集团公司第三十八研究所与英国伦敦大学玛丽女王学院开展的稀疏宽带相控阵天线算法综合性能已超过之前美国宾州大学报道的国际最好水平，合作双方联合发表国际会议论文 3 篇。

（一）合作背景

1. 合作基础

国外合作方为伦敦大学玛丽女王学院（Queen Mary University of London）电子工程与计算机科学学院的天线研究课题组的 Xiaodong Chen 教授。该教授从事天线设计研究达 30 多年，有着丰富的科学研究及工程项目经验，他本人亦因为其在天线设计领域的贡献而当选 IEEE FELLOW。他所带领的团队从 2003 年即开始超宽带天线及其阵列、宽扫描角的相控阵天线的研究，先后承担英国工程与物理科学研究委员会、英国通信署和英国 Selex 公司等的项目，累积经费达 250 万元，成功设计了一系列小型超宽带天线和阵列、宽扫描角的相控阵天线阵，系统地解决了多年来困扰超宽带天线工作机理研究中的科技难题，首次揭示了平面单极超宽带天线的工作原理，共有 4 篇论文成果，单篇引用率达 200 次以上，其中单篇最高引用率 867 次。近年来，陈教授亦开展了稀疏天线阵列用于安检成像的研究，成功设计了 220GH 频段用于成像的一维均匀分布稀疏天线阵，得到了与理论值吻合的理想分辨率。该所和伦敦大学玛丽女王学院签署了战略合作协议，在射频系统、太赫兹等领域已经开展了长期稳定的合作、交流与定期互访，建立了良好的合作渠道和高效的交流机制，取得了良好的研发成果。

2. 合作条件

（1）合作双方均具有稳定的国际合作环境，该所在"十二五""十三五"时期已专门设立公派留学基金，鼓励该所优秀人才到国外一流大学或者研究院所进行深造，进行定性跟踪培养，并在国外设立了五大研究中心，获批国家国际科技合作基地"电磁波空间应用国际联合研究中心"。而伦敦大学玛丽女王学院一直是开放式的研究机构，科研人员来自世界各地，国际合作已经成为其科研项目和经费的重要来源。外方高度重视与中国合作，"中英创新合作计划"（Innovation China UK），就是由伦敦大学玛丽皇后学院发起的，联合5所英国大学和与之科研合作密切的十多所中国大学和研究院所共同建立。这是中英两国首个大型科技合作计划，其目标是在现有合作研究基础之上，选择具有市场前景的项目予以支持，使合作双方的科研成果能有效地实现商业化、产业化，转化为现实生产力。当时英国科学和创新部长伊恩·皮尔森、中国驻英国大使傅莹、科技部国际合作司司长靳晓明出席了启动仪式。中英科技创新计划的核心是支持具有商业潜力的合作研究的概念验证，改进研究成果，分析商业化的选择方案，使之达到可投资的程度，帮助联合研究伙伴有能力回答企业和商业投资人对科研产品的生产可行性、制造、市场开发、风险管理、知识产权保护、企划的各类关键问题。

（2）合作双方均具有雄厚的科研实力。中国电科集团第三十八所现有员工3000余人，平均年龄34岁，是国家一类研究所，拥有国家级集成电路设计中心、俄罗斯新技术研发中心、中电科技集团公司浮空平台研发中心、安徽省汽车电子工程研究中心、安徽省公共安全信息技术重点实验室、安徽省北斗卫星导航重点实验室、合肥公共安全技术研究院、两个博士后科研工作站等研发平台。建所40多年来，共取得1500多项科研成果，其中，国家科技进步一等奖4次，其他国家和省部级科技进步奖133项，多项成果填补了国内空白、居于国际领先地位。在数字相控阵技术、整机工程研制能力方面处于国内领先水平。并在"十二五"时期引进海归团队，在国内率先成立了微波光子学研究中心，致力于微波光子前沿技术研究及其产业化。中方技术负责人王凯博士，现任中国电子科技集团公司第三十八研究所微波光子学研究中心负责人、高级工程师，主要从事微波光子和雷达、电子对抗等电子信息系统相结合的创新技术与系统应用研究，涉及微波光子宽带系统总体设计、光传输、光控相控阵、微波光子综合射频与全光信号处理等。作为项目负责人和技术骨干承担了国家级973、科工局、装备预研及安徽省对外科技合作专项等国家、省部级科研项目十余项。

2017 年入选中国电子科技集团有限公司"青年拔尖人才"。外方学术带头人陈晓东教授，为伦敦大学玛丽女王学院教授，主要研究领域为无线通信、天线与微波器件、微波的生物效应与应用、毫米波及太赫兹科学技术研究及应用；担任欧盟－伽利略卫星导航系统前瞻研究执行委员会委员，基于混沌理论发明了混沌扩频码，其各种性能都要优于现有的其他扩频码；系统地解决了多年来困扰超宽带天线工作机理研究中的科技难题，首次揭示了平面单极超宽带天线的工作原理，其论文成果单篇被 SCI 论文他引达 139 次；其出色成果得到英国政府部门及工业界的广泛认可与支持，还被聘为英国工程与物理科学研究委员会（EPSRC）评审团委员；近 10 年来完成近 40 项科研项目，发表高水平论文 300 多篇，已经获得英国国家及欧盟专利 5 项。由于在学术研究领域的杰出影响，他先后 10 次担任射频与太赫兹、天线等领域内的国际学术会议大会主席。陈教授带领的伦敦玛丽女王大学团队有教授、副教授、讲师 4 人，博士生 4 人，并从 2003 年起和北京邮电大学建立了北京邮电大学—伦敦大学玛丽女王学院"电磁场理论与应用"国际开放实验室，并一直担任实验室主任，实验室团队有教授 4 人，副教授 3 人，讲师 1 人，硕士博士研究生若干，师资力量雄厚，多年来与国内和国际多家研究机构有着牢固的合作关系，累积了大量的技术经验和科研成果。陈教授所在伦敦玛丽女王大学电子工程学院拥有一个超 40 年历史的天线测量实验室，包括 3 个天线测量暗室，基本足以覆盖 700MHz 到 325GHz 频段的测量需求。此外，时域光谱测量足以覆盖 0.1～3THz。北京邮电大学拥有微波暗室 1 个，紧缩场测量系统 1 个。

宽带相控阵技术是高端电子信息系统的技术发展趋势，而稀疏宽带相控阵技术在学术界和工业界都有较大的挑战，代表着技术发展的方向。中国电科集团第三十八所在相控阵天线、微波光子宽带波束形成及其应用方面，经验丰富、实力较强。英国伦敦大学玛丽女王学院有过宽带天线的设计经验，曾系统地解决了多年来困扰超宽带天线工作机理研究中的科技难题，首次揭示了平面单极超宽带天线的工作原理，其论文成果单篇被 SCI 论文他引达 139 次。双方进行合作，有望在学术、技术和人才培养等方面实现"共赢"。

（二）合作过程

在组织结构上，合作双方成立项目指导委员会，成员由双方机构的高层管理者组成，统筹整个项目的运作，并每隔半年对项目的进展进行评估。在项目指导委员会的批准下，双方各自成立项目组。中方指定王凯博士，英方指定陈晓东博士作为各自项目组的项目负责人，负责挑选项目组成员和进行具体的合作事宜。项目组负责人每半年将进行一次互访，以确保合作的顺利有效进行。该所组建 8~10 人的项目组，英方组建 4~5 人的项目组。双方项目组每月进行一次电话会议，通报各自的项目进展情况。另外，根据需要，双方不定期指派研发人员到对方项目组参加项目研发。合作双方共享各自拥有的与本研究项目相关的科研信息。在技术资源上，英方提供有偿的技术转让和对中方人员的技术培训。在合作研发过程中产生的新技术、新方法经双方协商，可以共同分享其知识产权，也可以由一方独自享有。在项目的资金投入方面，因为本项目由该所发起，所以该所将负责英方在研究工作中所产生的材料费、设备使用费、测试费用和对该所人员的培训费。对于双方正常的学术交流活动所产生的费用，由双方各自承担；共同申请国际专利的费用双方共同承担。英方在合作项目中使用自身最好的设备和资源以达到最优的科研结果，并允许该所参研人员在经过培训后能够亲自使用这些设备和资源。中方人员在使用这些设备和资源的过程中所产生的费用由该所承担。项目的组织实施方案为联合研发、分工协作。该所负责超宽带稀疏相控阵的整体设计和指标制定，同时负责对超宽带稀疏相控阵天线原理样机进行设计研制。另外，中方还负责对超宽带稀疏相控阵天线的指标提出具体需求，与英方共同进行架构设计、方案论证，并全程参与算法研发。英方的分工是负责稀疏超宽带相控阵天线的优化算法设计、指标论证，并协助该所进行原理样机试制、测试和算法优化改进。

（三）合作亮点

超宽带相控阵技术是目前世界范围内研究的热点，属于高精尖技术。国内在这一技术上的总体水平跟发达国家相比存在较大的差距，特别是在大型稀疏阵列优化设计的研究上，国内算法的效率和可实施性往往不佳。

本项目通过引进学习外方简单快速并可以有效付诸实践的超宽带稀疏相控阵天线工程设计方法，结合该所强大的工程制造能力，实现国内超宽带稀疏相控阵天线技术与装备水平的飞跃提升。

本合作项目的开展及随后的技术成果的产业化，不仅可以满足市场对超宽带相控阵技术的日益紧迫的需求，还将极大促进国内超宽带相控阵技术的进步，并且带动相关领域，特别是安徽省在高端新兴产业，如国家天地一体化"2030 计划"、网络互联与信息安全、5G、毫米波等的发展。

（四）合作成效

合作期间，中国电科集团第三十八所发表论文 3 篇，申请发明专利 2 项，形成原理样机 1 套。

超宽带相控阵技术可应用于众多设备中，在国防安全与电子防务方面，如雷达、通信、对地观测、电子对抗、导航等；在国计民生与公共安全方面，包括安检成像、反恐、无人设备、人工智能、天文观测等；把视线放得更广一些，从世界范围的需求来看，这一技术将拥有更大的市场。本项目的实施，不仅带来巨大的经济效益，还带动国内相控阵技术的研究及相关产业链的发展，特别是超宽带天线和相控阵系统的研制能力，打破国外同类产品的垄断地位，大大降低超宽带相控阵系统的价格，从而增强我国国防和公共安全产品的竞争力，对维护国防和社会安全稳定具有重要的意义。

### 三、国际合作的经验与展望

超宽带相控阵技术是目前世界范围内研究的热点，属于高精尖技术。国内在这一技术上的总体水平跟发达国家相比存在较大的差距，特别是在大型稀疏阵列优化设计的研究上，国内算法的效率和可实施性往往不佳。

在安徽省科技厅的支持下，中国电科集团第三十八所秉承"走出去，请进来"的合作理念，与世界一流高校合作，进行全球化的协作，在全世界范围内进行了一次开放式的创新，以更高的速度、更低的成本为中国电科集团第三十八所引进了超宽带稀疏相控阵天线算法，并着手原理样机的研制和工程化研究。此次国际合作培养了 3 名超宽带相控阵技术方面的专业人才，获得了外来技术引进管理经验，极大地提高了中国在超宽带相控阵技术方面的国际竞争力。

# 第二节 中德人工智能研究院

## 一、国际科技合作总体情况

2017年，四维时代与德国人工智能研究中心合作的《中德人工智能研究院项目》在中德两国总理见证下签约，正式开启了中德两国在人工智能领域的合作。

2018年11月15日，中德人工智能研究院加入欧洲图像算法联盟，成为这一人工智能视觉联盟中的唯一亚洲成员。中德人工智能研究院致力于加强中德间的国际交流合作，已组建由德国人工智能领域超级教授和专家学者以及国内人工智能院士和专家组成的学术委员会，约定每年定期派遣20人次的高级研究人员在中德人工智能研究院工作，与国内外十余所高校建立合作关系。

研究院每年组织开展500人以上规模的中德人工智能大会，每年定期向两国政府汇报中德合作建设与进展情况，自2016年以来已连续举办了四届，并取得了丰硕的成果；研究院先后组织专业技术交流会十余次，与欧洲及国内外多家人工智能领域建立了广泛合作，近两年来累计贡献知识产权近20件，拥有固定博士及高级研发人员20余人。

中德人工智能研究院聚焦于人工智能领域，尤其是计算机视觉领域的技术转化与行业应用，以人工智能视觉技术为依托、工业视觉技术为主导，带动工业检测技术、传感技术、动力系统、控制系统、机械臂操作引导以及精准定位与捕捉等技术的自主创造与开发，实现"工业4.0"和智能化工业体系的产业升级。

## 二、国际科技合作历程及主要做法

（一）合作背景

2017年7月8日，国务院印发了《新一代人工智能发展规划》，将人工智能发展上升为国家战略。不仅是中国，世界各国都极其重视发展人工智能，积极促进国际间学术与产业交流与合作。近年来，中德两国一直在科技领域有良好的互动，已建立了两国高层之间的创新对话与合作平台。

2017 年，四维时代与德国人工智能研究中心合作的《中德人工智能研究院项目》在中德两国总理见证下签约，正式开启了人工智能在中德两国科技研发领域的合作，旨在通过科研项目合作以及人才交流与培养等方式，引进德国科技成果、人才等创新优势资源，汇聚中德人工智能领域顶级专家/学者、具有代表性的前沿研究领军型人物以及产业界技术精英，主要研究高精度、高自动化三维数字化技术、智能图像三维数字化识别技术、智能机器人及自动驾驶技术、人体自动识别及跟踪技术，以推动新兴科技、新兴产业的深度融合，推动新一轮的信息技术革命，推动中德经济结构转型升级为支点，打造中国人工智能领域产、学、研紧密结合的高端前沿交流平台。

（二）合作过程

中德人工智能研究院是李克强总理于 2017 年 6 月正式访问德国并举行中德总理年度会晤的成果之一，其作为中德政府间科技创新的重点国际科技合作项目，被纳入了中德政府积极推动的科技合作专题中，每年需定期向两国政府汇报中德合作建设与进展情况。

在中德两国高层领导人的倡导下，中德人工智能研究院在与德国人工智能界的长期交流中积极探索，通过科技人员交流和项目交流，打造人工智能国际合作新平台。中德人工智能研究院与德国人工智能研究中心约定，每年定期派遣 20 人次的高级研究人员在研究院工作，计划在研发人员交流和学术开放上展开深度合作，将侧重科技研发和技术成果转化以及注重科技成果的输出效益，深化和促进中德合作。数字技术领域的合作将为中德合作交流建立一条新的纽带。

中德人工智能研究院还与德国人工智能研究中心建立稳定的科研交流关系，形成固定的科技交流项目，为企业和政府在智慧城市、机器人视觉、自动驾驶等领域提供科研支持。

**三、国际科技合作亮点和成效**

（一）合作亮点

自成立以来，中德人工智能研究院已申请专利 6 件（其中已授权 1 件），登记软件著作权 11 件，研发多项新产品，其创新产品"四维看看 Pro"获批入选第七批安徽省信息消费创新产品，累计服务全市、全国及全球数十家企事业单位。

高精度高自动化三维数字化技术（High Fidelity 3D Object Scanning, Geometric Modelling and Texturing）助力"文化＋科技"发展，研究院已与德国、日本、葡萄牙等多个国际博物馆开展数字化合作，弥补文物和遗迹在文化传播上的限制，用世界顶尖的三维数字化技术创造了新的数字文化遗产。此项技术可以做到微米级的三维数字化，对于书画及其文物的微痕、探伤的研究意义重大。研究院已经同中国文物局联合立项"文物纹－微米级三维数字化技术在文物保护及防伪鉴定中的应用"，类似于人体的指纹信息，针对每一件书画及器物，建立微米级三维数据库及文物溯源体系，方便查询、防伪及鉴定。德国在该方面的研发技术和软硬件技术已经走在世界前列，整体的项目价值在 2000 亿元，并逐步建立全国首个文物三维大数据系统。

中德人工智能大会作为中德两国总理见证签约《中德人工智能研究院项目》下的常规性交流盛会，每年聚集中德两国人工智能视觉领域专家及企业参与，已成功举办四届，在业界享有声望，也成为人工智能领域学者及企业年度交流的重要聚会之一。为促进人才互通、技术交流与产业合作，大会吸引超过 1300 名中德专家及从业者，签署完成 6 项战略合作协议，发起组建国内首个 AI 行业独角兽战略联盟，文化科技论坛吸引了海内外 100 余家博物馆负责人参加研讨等。

（二）合作成效

2017 年 6 月，在两国总理见证下，中德人工智能研究院签约成立。

2017 年 9 月，研究院在芜湖市鸠江区政府的支持下举办第二届中德人工智能大会。

2018 年 10 月，原科技部部长、现科协主席万钢视察。

2019 年 1 月，研究院与黑提恩斯－德国陶瓷博物馆建立数字化合作，并获莱茵邮报专题报道。

2019 年 4 月，研究院与黑提恩斯－德国陶瓷博物馆的合作项目入选"一带一路"国际合作高峰论坛案例集，同期入选案例集的还包括华为、蚂蚁金服、腾讯和科大讯飞。

2019 年 5 月，研究院在德国柏林发布了最新一代 3D 空间相机"四维看看 Pro"。

2019 年 7 月，研究院联合三国八大馆在上海历史博物馆成功举办《白色金子·东西瓷都》展览。

2019 年 9 月，北威州投资促进署举办中德商务论坛。

2019 年 9 月，研究院与中共玉溪市政府共同主办第四届中德人工智能大会。

2019 年 11 月，研究院与德国商会举办中德经济论坛。

2020 年 2 月，研究院与德国陶瓷博物馆进行洛可可《奢华·爱情·蓝剑》展三维数字化。

2020 年 3 月，为欧洲顶级艺术博览会（TEFAF）提供数字化技术。

2018 年 11 月，中德研究院受杜塞市政府邀请，参加德国 AI 数字化国际论坛，开展关于"人工智能在智慧城市应用"主题演讲，与德国科技界开展数字化技术交流。

此外，中德研究院积极寻求全球范围内的科研伙伴，积极开展卓有成效的交流活动：

德国 RISE OF AI 人工智能论坛主题分享。Rise of AI 人工智能大会作为欧洲范围内人工智能领域的年度盛会，集结了国际科技创新领域顶尖的专家学者，探讨人工智能最前沿的研究应用成果，谷歌、微软、英伟达、德国人工智能研究中心等企业及机构高管出席并且发布最新科研成果。

中德研究院 CEO 崔岩博士作为会议主会场演讲嘉宾，在会上发布了最新一代 3D 空间相机四维看看 Pro。四维看看 Pro 拍摄的三维空间画面，在保证空间建模质量的前提下，革命性地降低了空间建模的时间成本，令国际同行刮目相看。

德国国家级人工智能研究院合作交流。2019 年 5 月 23 日，中德研究院与五邑大学前往德国 DFKI 开展战略合作交流。合作项目目标是共同开展"工业

4.0"智能工厂标准化技术的研发活动。德国凯泽斯劳滕 DFKI 是世界上最早提出"工业4.0"概念的研发机构。

葡萄牙 CCG 机构产学研战略合作。2019 年 5 月，受葡萄牙政府邀请，中德人工智能研究院与五邑大学前往葡萄牙开展学术交流，并达成三方产学研战略合作。CCG 机构将为五邑大学建设自动驾驶三维模拟实验室。在交通运输的信息与通信技术领域中，自动驾驶三维模拟实验室作为至关重要的测试环境，一直备受关注且要求极高。

亮相香港消费电子展。2018 年 10 月 14 日，中德研究院受主办方香港贸发局邀请，作为演讲嘉宾参加香港消费电子展。在会议上，中德研究院开展题为《数字化改变生活》主题演讲，并与台下专家进行交流。同时发布全新一代四维看看空间相机，受到多方追捧。

葡萄牙 Minho 大学产学研战略合作。2019 年 5 月，受葡萄牙政府邀请，中德人工智能研究院与五邑大学前往葡萄牙开展学术交流，并达成三方产学研战略合作。三方将在计算机视觉领域及人工智能领域开发与运作方面加强合作，充分发挥自身优势，共同加快推进相关项目建设，创造更大的科研成果与商业价值。

美国洛杉矶 Siggraph 学术交流。中德研究院受邀参加为期一周的洛杉矶 Siggraph 学术大会，在制作人云集的好莱坞地区，四维看看 3D 相机获得了极大的认可和肯定。

中德人工智能研究院工作人员学历层次较高，80% 以上为本科以上学历。其中研发人员 100% 为本科以上学历，50% 为硕士和博士学历，22 人拥有海外学历背景，管理人员均是留学归国的硕博研究生。公司创始团队均在计算机软件人工智能领域有深入的研究。

自成立至今，中德人工智能研究院与 DFKI 在技术、人才、文化方面交流频度和深度不断扩大。2018～2019 年，邀请 DFKI 首席财务官 Walter Olthoff 博士及 DFKI 增强现实研究中心主任 Didier Striker 教授多次来访并做学术报告，引进 DFKI 增强现实研究中心与不莱梅机器人研究中心研究员 Alain Pagani、Paul Joseph Jean - Claude Lesur、Sebastian Kasperski、Juergen Domin、Jason - Raphael

Albert Thomas Rambach、Jilliam Maria Diaz Barros 等。除此之外，中德人工智能研究院接收培养来自德国、波兰、土耳其的 Florian Straub、Lucia Nongpoi Hoefler、Patrick Bozic、Kardelen Sahin 等多名青年人才，选派研究员 2 人前往 DFKI 交流学习，累计培养技术骨干 24 人，形成中德人工智能研究院高水平研发团队。

中德人工智能研究院主要以计算机视觉技术为依托，工业应用为主体，侧重在短期内可以快速与产业结合，产生良好市场效应的项目。在接下来的合作中，将继续汇聚中德人工智能领域顶级专家/学者、具有代表性的前沿研究领军型人物以及产业界技术精英，开发更多关于高精度高自动化三维数字化技术、智能图像三维数字化识别技术、智能机器人及自动驾驶技术、人体自动识别及跟踪技术等项目，打造中德人工智能机器人领域产、学、研、用紧密结合的高端前沿交流平台，为人工智能及机器人产业发展贡献智慧，更高、更深层次地推动区域及国际间合作，建设世界级人工智能产业集群体系。

# 第三节　中国科学技术大学附属第一医院
## （安徽省立医院）

### 一、国际科技合作总体情况

中国科学技术大学附属第一医院（安徽省立医院）一直重视国际科技合作工作，尤其是 2017 年 12 月成为中国科学技术大学附属第一医院以来，围绕"双一流"建设目标，以"科大新医学"为导向，结合医院工作实际，不断拓宽合作领域，创新合作模式，提高合作质量，扩大国际科技合作影响力。医院全职引进欧洲移植协会主席 Nashan 教授，成功举办第一届"生命科学进展与转化医学"中美高峰论坛，共话基础研究，聚焦成果转化。2020 年，医院累计派出 50 余人次赴国（境）外参加国际交流，类型主要包括研修培训、学术交流、短期参访、攻读学位及博士后等。出国渠道主要为省卫健委德中临床交流项目、省外专局因公出国项目、第三方战略合作出国项目等。医院通过"柔性引进"机制，签约国内外知名院校及医疗机构专家作为中国科大附一院（安徽省立医院）特聘专家、客座教授。截至 2020 年医院累计签约特聘专家 43 位。2014 年以来，医院承担国家级和省级国际科技合作项目 15 项，获安徽省科学技术奖（国际合作类）1 项。现有省级国际合作基地 3 个，分别是安徽省心血管疾病与肿瘤诊疗技术国际联合研究中心、安徽省风湿免疫国际联合研究中心和安徽省血液病国际联合研究中心。

## 二、国际科技合作历程及主要做法

（一）案例 1：安徽省风湿免疫国际合作基地

1. 合作背景

澳大利亚悉尼大学、美国霍普金斯大学、英国伦敦大学学院、德国埃尔朗根 - 纽伦堡大学以及美国梅奥医学中心在国际上享有盛誉，其免疫风湿科临床和科研实力位居世界前列。中国科大附一院（安徽省立医院）风湿免疫科是安徽省成立最早的风湿免疫专科，经过 20 多年的发展，在临床、教学和科研等各方面均取得了长足进步，在省内处于领先地位，但与国内发达地区先进专科相比，在人才培养、科研实力上仍存在不小的差距。因此，开展国际合作，加快引进和培养人才，提高科研竞争力对学科发展尤为重要。

2. 合作过程

2004 年起中国科大附一院（安徽省立医院）风湿免疫科李向培主任与澳大利亚悉尼大学建立合作交流，随后 2005 年风湿免疫科厉小梅主任医师在澳大利亚悉尼大学进行为期一年的访学研究，在与悉尼大学王怡平教授的长期合作下，回国后陆续得到国家自然科学基金、安徽省自然科学基金、中华医学会专项基金等项目的支持，近十余年其一直与王怡平教授保持长期合作关系，作为客聘教授定期对科室人员进行科研交流及论文指导。青年医师陈竹 2012 年 1 月在西班牙参加国际风湿病会议期间有幸认识了 Georg Schett 教授并与其初步交流，回国后产生了赴埃尔朗根 - 纽伦堡大学继续深造的想法，并获得科室主任和院领导的大力支持，在完成博士申请材料准备工作后，陈竹医师顺利被录取为埃尔朗根－纽伦堡大学博士研究生，于 2012 年 9 月赴德国攻读博士学位，在 Schett 教授和副导师 Bozec 教授的指导下制定了研究课题——免疫调控诱导关节炎缓解的作用及机制，2015 年 7 月以优秀等级获得德国埃尔朗根－纽伦堡大学医学博士学位。陶金辉主任医师于 2014 年 10 月至 2015 年 10 月在美国霍普金斯医学院潘教授课题组完成博士后的学习交流。王俐副主任医师于 2020 年 1 月 2 日至 2020 年 12 月 28 日在美国罗切斯特市梅奥医学中心总部，在风湿科、呼吸及危重症科进行为期一年的合作交流。其间，王俐医师在风湿科 Floranne Ernste 教授指导下，对罕见病（抗合成酶综合征）患者进行 10 年的临床诊疗资料汇总及分析，学习相关临床研究的思路、方法、具体操作流程，在呼吸科 Jay Ryu 教授、风湿科 Floranne Ernste 教授共同指导下，跟随专业组医师在呼吸科临床一线学习真实病例的处理流程。

3. 合作亮点

厉小梅主任医师回国后当年获得国家自然科学基金面上项目 1 项，后多次获得安徽省自然科学基金、中华医学会专项基金等项目资助，在干燥综合征发病机制研究上达到国内、国际领先水平，2018 年受邀参加欧洲风湿病学会干燥综合征诊疗指南的编撰。2018 年获批安徽省国际合作基地，资助项目 1 项。在王怡平教授指导下中国科大附一院（安徽省立医院）获批脐血间充质干细胞治疗中重度难治性 SLE 的临床应用研究。

陈竹医师毕业回国后按期返院工作，当年获得国家自然科学基金青年项目 1 项，研究成果以第一作者发表在国际著名期刊 *Nature Communication* 上，2016 年获得首批安徽省平台引进高层次人才称号，风湿免疫科也顺利获批安徽省重点发展专科。为加深友谊扩大合作，风湿免疫科邀请了 Schett 教授于 2017 年回访中国科大附一院（安徽省立医院），在安徽省风湿病学年会上做了 2 场专题学术报告，并与科室年轻医生和研究生交流，取得了积极成果。2018 年陈竹医师继续与 Schett 教授合作，以中国科大附一院（安徽省立医院）为第一单位在国际顶尖期刊 *Nature Reviews Rheumatology* 上发表论文，总结了抗炎免疫调控缓解关节炎的最新进展，扩大了医院的国际影响力。陈竹医师于当年获得国家自然科学基金面上项目1项，同时，风湿免疫科成功获批医院首批高峰学科。

陶金辉主任医师在美国霍普金斯大学进行为期1年的博士后学习交流，以NLRP3炎症小体为研究靶点，研究炎症发生的细胞和分子机制；以调节性T细胞为研究靶点，研究炎症缓解的细胞和分子机制，回国后在 *Cancer Discovery* 上发表论文，获得国家自然科学基金及安徽省自然科学基金项目支持，并成为院学术技术骨干及安徽省学术技术带头人后备人选。

王俐副主任医师在梅奥医学中心合作交流的过程中，获得爱思唯尔（Elsevier）出版社独家授权翻译 *Thoracic Manifestations of Rheumatic Disease*（《风湿病胸部病变》）一书。同时，由于2020年新冠病毒席卷全球，王俐医师在中国驻美芝加哥总领馆及 Mayo Clinic 中国事务部的指导下，迎难而上、勇担重任，发起并组织"志愿者小组"，在抗击疫情中服务了大量访问学者和学生群体，广受好评，为中国科大附一院（安徽省立医院）赢得美誉。

为加强年轻医师培养，2018年2月安徽省立医院派遣金莉主治医师至澳大利亚悉尼大学进行学习交流，熟练掌握了实验操作技术、培养了科研思维，发表SCI论文一篇。风湿免疫科住院医师周滢波应欧洲抗风湿病联盟（EULAR）组委会邀请参加了2018年6月13～16日在荷兰首都阿姆斯特丹举行的第18届欧洲抗风湿病联盟年会，并代表中国科大附一院（安徽省立医院），在6月15日专题为 *The enemy in us*（我们的敌人）的壁报巡展中，做了题为 *Injection of CD40 DNA Vaccine Ameliorates the Autoimmune Pathology of Non−obese Diabetic Mice with Sjogren's Syndrome*（CD40 DNA 疫苗治疗干燥综合征 NOD 鼠的研究）的发言，向全世界的同行介绍了应用 CD40 DNA 疫苗抑制干燥综合征（SS）模型非肥胖型糖尿病（NOD）小鼠病理改变的研究。研究生夏源、代晓娟受邀出席第62届日本风湿病学年会（The 62 nd Annual General Assemble and Scientific Meeting of the Japan College of Rheumatology），并做学术交流。夏源和代晓娟分别在系统性红斑狼疮和痛风性关节炎的发病机制方面做了题为 *MicroRNA MiR−326 Regulates the B Cells Activity and the Autoantibody Production in Systemic Lupus Erythematosus* 和 *Changes of Treg and Th17 Cells in P2X7R−Regulated Acute Gouty Arthritis Model of Rat* 的口头发言和壁报展示。

4. 合作经验与展望

中国科大附一院（安徽省立医院）风湿免疫科通过"请进来""走出去"的方式，深入研究和探索风湿免疫疾病的发病机制及临床诊疗。科室获得多项国家自然科学基金、卫生部行业基金、中华医学会专项基金、国家"十三五"重大计划、安徽省自然科学基金等科研项目资助。科研水平达到省内领先、国内先进水平，部分接近或达到国际水平，提升了学科的影响力，同时也为学科培养了后继人才。在自身发展的同时，博采众长，有的放矢，积极与国际进行多元化的交流合作，建立国际合作研究中心，聘请客座教授指导以及举办学术研讨会。在鼓励人才出国研修的同时，吸引国外优秀学者访问，实现双向交流与合作，统筹促进学科发展。

（二）案例2：安徽省心血管疾病与肿瘤诊疗技术国际联合研究中心

1. 合作背景

美国哥伦比亚大学医学中心在老年心血管疾病研究领域享有盛名，Ira J. Goldberg 教授是该中心的一名独立课题负责人，他的实验室专注于老年心血管疾病风险因素与作用机制研究，构建了多种心血管疾病相关动物模型。2012年1月安徽省心血管疾病与肿瘤诊疗技术国际联合研究中心胡世莲教授在出席老年医学国际会议期间与 Ira J. Goldberg 教授开展学术交流并签订国际科技合作协议，决定利用双方科研优势联合开展糖尿病诱发循环系统的炎症反应及其干预技术的研究。

2. 合作过程

此项国际合作研究内容包括临床与基础研究两部分，根据国际科技合作协议，临床研究部分全部在中国科大附一院（安徽省立医院）开展，检测2型糖尿病合并冠心病患者及对照人群（健康对照者、单纯糖尿病患者、单纯冠心病患者）血脂、免疫细胞及相关炎性因子等指标，结合病例资料评估心血管疾病情况。基础研究部分由中国科大附一院（安徽省立医院）和美国哥伦比亚大学医学中心合作完成。2012年6月中国科大附一院（安徽省立医院）青年医师方向赴 Ira J. Goldberg 实验室学习动物模型建立技术并开展相关实验研究，至2014年5月顺利完成基础研究部分内容。同年 Ira J. Goldberg 教授被美国纽约大学医学中心聘为内分泌与营养代谢疾病系主任，为继续同其开展合作研究，在安徽省国际科技合作计划项目"肥胖诱发循环巨噬细胞炎症反应及其干预措施研究"（编号：10021403080）的支持下，中国科大附一院先后派出殷实、方向、沈国栋与卞庚等青年技术骨干到 Ira J. Goldberg 教授实验室学习相关技术并开展合作研究。

3. 合作成效

（1）产出了一批研究成果。上述国际合作项目产出了一系列研究成果，有着良好的临床价值与社会效益。研究创新之处包括：①研究揭示了人体高血糖状态与外周血细胞炎症基因表达密切相关及其作用机制，为糖尿病患者防治动脉粥样硬化提供了新的思路。②研究发现高脂饮食可上调外周血循环巨噬细胞数量与相关炎症基因表达水平，导致糖尿病患者腹腔巨噬细胞及脂肪组织中相关炎症基因表达水平升高；对脂肪组织的载脂蛋白关键调控基因 LPL 进行敲除，可以明显改善胰岛素抵抗、动脉粥样硬化、脂肪肝、2 型糖尿病等多种代谢紊乱症状；降低血脂水平可以逆转高脂血症的炎症状态，为肥胖并发脂代谢异常患者的临床治疗提供了依据。研究团队共完成 12 篇相关论文，发表在 *Signal Transduction and Targeted Therapy*、*J. Diabetes Complications* 等知名期刊上，后续获得省级科技奖励 3 项、授权专利 3 项以及 6 项国家自然科学基金及省部级研究资助项目。合作研究期间，Ira J. Goldberg 教授及其助手多次来中国科大附一院（安徽省立医院）指导交流老年心血管疾病的临床诊疗与基础研究相关技术。

（2）搭建了人才培养与学科发展的平台。上述持续性国际合作研究培养了一批老年医学领域的青年技术骨干，一批硕士研究生顺利毕业，如方向、黄大兵、吴泽兵、李烨、刘林青等博士研究生与刘卉卉、王璐、龚欢秀、徐佳慧、林明政、戴朦、付翠群、刘芬芬、母英杰、何志兰、杨留洋等硕士研究生顺利毕业，项目组内部分青年研究员晋升为高级职称。此外，中国科大附一院与中国科学技术大学建立了安徽省心血管及肿瘤诊疗国际联合研究中心及肿瘤免疫与营养治疗安徽省重点实验室，从而搭建了一个高水平人才培养的平台，推动了中国科大附一院（安徽省立医院）老年医学科进入国家临床重点专科行列。

安徽省心血管疾病与肿瘤诊疗技术国际联合研究中心在持续开展国际合作研究中取得了一批科研成果，培养与引进了一批青年技术骨干，搭建了一个人才培养与学科发展的平台。今后中国科大附一院（安徽省立医院）在国家与省市相关部门的领导与支持下，将继续开展高水平的国际合作研究，深入探讨老年慢性疾病的诊疗技术，促进基础科研与临床需求紧密结合，加快科研成果转化及临床应用，为保障人民健康做出应有的贡献。

（三）案例 3：消化科与日本开展消化道早期癌内镜诊治合作研究

1. 合作背景

消化道肿瘤占人体所有恶性肿瘤的一半，严重危害人民健康：消化道肿瘤主要包括食管癌、胃癌、大肠癌。我国是消化道肿瘤的高发国家，食管癌、胃癌、大肠癌发病率分别居世界第二、第四和第五位。以胃癌为例，中国人口占全球总数的 19%，而中国占全球新发胃癌的 46.8%、全球死亡病例的 47.8%。

消化道肿瘤防治的关键是早诊早治，中晚期胃癌使用外科手术、放化疗、靶向、免疫等综合治疗，其 5 年生存率仅 26%，且生存质量差，造成了巨大的经济负担和社会负担；而早期胃癌 5 年生存率可达 90%，且治疗成本低，早期诊治至关重要。

以胃癌为例，安徽省是消化道肿瘤尤其胃癌的高发地区，早期诊治问题更突出。日本的早期胃癌的诊断率达 80% 以上，居于世界绝对领先水平，原因除了日本消化内镜医师与人口之比远超中国外，更重要原因是日本消化内镜医师的诊断、治疗、消化内镜医师的技能培训等水平均较高，日本一半的胃镜检查是在社区诊所完成的。本项目的目的主要是引进日本消化道早癌诊治团队在消化道早癌的内镜诊断、内镜下手术即 ESD 方面的丰富经验，扎扎实实提高安徽省消化道诊治专业骨干的消化道早癌诊治水平。

2. 合作过程

为提高安徽省消化道早期癌内镜诊治水平，中国科大附一院（安徽省立医院）多方筹划，邀请日方在上下消化道癌诊断、手术、病理等方面的一流专家，组织训练营，为安徽省消化内镜早癌诊治的精英骨干手把手教学、面对面讨论，并开展病理视频分析与交流，共同提升早癌的诊治水平，该活动也获得安徽省外专局的支持。

3. 合作亮点

（1）理论与实践相结合。引入国际顶级的胃肠道早期癌内镜诊断和内镜下手术 ESD 的团队，通过理论实践密切结合，以手把手教学观摩的形式为主，结合现场讨论、理论教学，请国内一流专家评析帮助安徽省乃至周边省份消化道早期癌的诊治骨干医师提高操作水平。

（2）教学研讨对象明确。教学研讨对象为安徽省从事消化内镜诊治消化道早癌的医护人员，包括安徽省消化病学会早癌学组委员、安徽省医师协会早癌学组委员、安徽省内镜质控中心专家组成员三个骨干组织的所有成员及全身消化内镜中心 ESD 诊治的骨干护士。切实提高安徽省消化道早癌的诊治水平。

（3）消化道早癌精英训练营和安徽省早癌诊治技能大赛融合举行，相互促进、相得益彰。部分训练营与安徽省上消化道早癌诊治技能大赛融合举办，将观摩、训练、学习、比赛融为一体，在国内较早将早癌诊治与劳动技能培养有机结合起来，取得了较好的效果。

4. 合作成效

因培训交流对象明确，均为安徽省及周边地区消化内镜诊治早癌方面的临床骨干医护人员，培养方式为扎扎实实地手把手教学、面对面讨论，效果显著，切实提高了安徽省消化科医生通过消化内镜诊治消化道早癌的水平，培养了一支队伍，提升了安徽省消化道早癌诊治水平。

（1）过去安徽省消化道早癌诊治水平低，国内没有任何声音，省立医院消化科张开光主任担任全国 105 家医院多中心胃癌筛查专家组副组长，相关研究成果形成了中国胃癌筛查早诊早治共识意见，发表在 GUT 杂志上。

（2）同安徽省疾控中心慢病科密切合作，相关技术骨干作为安徽省疾病控制中心执行国家重大项目江淮流域胃癌机会筛查项目的技术骨干和支撑，相关工作受到国家卫健委农村早癌诊治专家委员会主任委员王贵齐教授的高度赞扬。

### 三、国际科技合作的经验与展望

2017 年 5 月，习近平总书记在"一带一路"国际合作高峰论坛上明确将

"创新之路"作为未来"一带一路"建设的五大方向之一，将科技创新合作提升到新高度。积极开展科技创新合作不仅有利于提高医院的科技交流和科研能力，也有利于提高医院的知名度和影响力。

（一）加快科技创新合作新的顶层设计，制定并完善相应制度，提升国际科技合作质量

中国科大附一院（安徽省立医院）积极学习国外（境外）先进理念和管理运行机制，根据目前医院发展需要和现状出台相关政策，按照平等合作、互利共赢、共同发展的合作原则，立足"科大新医学"发展，鼓励多学科交叉联合，理工医协同创新，安徽创新馆紧紧围绕国家区域医疗发展战略目标，结合各学科特点开展科学研究，推动国际科技合作。

（二）巩固现有的合作成果，积极开拓科技合作新途径

借助中国科学技术大学的知名度和影响力，中国科大附一院（安徽省立医院）开展人才培养、团队建设和平台建设。围绕研究方向，开展关键技术研发、成果转化和应用的合作研究。同时，积极开展多中心临床医学研究与技术，加强技术引进、加快诊疗技术的创新性研究，建立相关疾病的综合诊疗体系，开展高质量人才培养和技术培训工作。

（三）继续以"引进来、走出去"为主线，聚焦技术创新合作和科技人文交流

通过人才引进与人才培养相结合，中国科大附一院（安徽省立医院）打造一支高水平学术人才队伍，解决医疗领域重大科技前沿问题和社会区域发展的重大需求。开展原创性学术研究，最终实现成果转化，大幅提升医疗服务水平，引领学科发展，建成具有国际竞争力和持续创新能力的教育与培训交流、人才与团队培育基地。

# 第四节　安徽创新馆

**一、安徽创新馆国际科技合作总体情况**

安徽创新馆是全国首座以创新为主题的场馆，是贯彻落实党的十九大和习近平总书记视察安徽重要指示精神，实施创新驱动发展战略的重要举措，是安徽创新发展的引领性工程。紧紧围绕展示窗口、先行示范和实用平台三大功能，积极构建"政产学研用金"六位一体的科技成果转化服务体系，努力建设立足省内、辐射长三角、具有国际水平的安徽科技大市场和长三角区域科技成果转化交易中心。

为汇集全球创新资源，推进合肥国际创新之都建设，安徽创新馆自开馆起，围绕功能定位和发展目标，坚持专业化、市场化、国际化、品牌化的方向，大胆创新，积极挖掘捕捉优秀国际科技创新资源，不断推进国际技术产业合作，截至目前，已与瑞士、德国开展较深入的合作。

与瑞士开展的合作主要有四个方面：一是与瑞士伯尔尼大学共建"中瑞生物免疫技术国际合作中心"，并落户安徽创新馆；二是聘请 Westhof 和 Pironneau 两位法国科学院院士担任安徽创新馆荣誉科学顾问；三是与瑞士双峰会共同承办中瑞（合肥）生物医药技术产业国际合作论坛；四是积极筹建中瑞长三角生物免疫国际创新中心。

与德国开展的合作主要有两个方面：一是与斯图加特大学谋划共建斯图加特中国技术转移中心，通过共建斯图加特中国技术转移中心，引进斯图加特大学高新技术转移中心的高新技术成果，并进行持续的线上线下推广，推进德国智能制造技术来安徽的落地转化。二是积极与弗劳恩霍夫协会开展具体合作。推广德国弗朗恩霍夫协会的"工业 4.0"系统及云制造理念，提供相关技术服务；搭建中德云制造企业训练营，为企业提供数字化、智能化生产系统解决方案，助推企业转型，推动安徽企业进行"工业 4.0"认证；合作研发国际技术经理培养课程体系，助力安徽创新馆搭建智能制造企业技术经理人培养平台；共同开展国际技术经理人培训，颁发德国弗劳恩霍夫协会相关证书，为企业、研发机构培养智能技术应用人才，助推安徽"工业 4.0"人才培养体系建设。

**二、合作历程及主要做法**

（一）中瑞合作历程及做法

为促进科研、产业、投资领域的专业人士开展对话交流，促进项目合作，助力我省加快建设国内重要的生物医药现代产业基地，安徽创新馆与瑞士伯尔尼大学深入合作，共建研发平台，并共同举办中瑞（合肥）生物医药技术产业国际合作论坛等交流活动。

2019年10月23～24日，中瑞（合肥）生物医药技术产业国际合作论坛在安徽创新馆隆重举行，论坛活动内容丰富，除了开幕式之外，还设置了专题演讲、项目路演、大师沙龙等。通过论坛的举办，进一步汇集中瑞生物医药前沿科技力量，推动生物医药技术产业国际合作，促进高端生物医药科技成果落地转化。通过论坛，连接"科研"与"产业"，为世界顶级科学家与企业家面对面交流互动提供了舞台，为生物医药领域专业交流和跨学科交流合作搭建了平台，更好地助力生物医药产业技术创新和应用推广，推进政产学研用金深度融合，促进高端生物医药成果在安徽转化转移。在此次论坛上，还举行了安徽创新馆与瑞士伯尔尼大学共建"中瑞生物免疫技术国际合作中心"签约仪式。这是安徽创新馆建成运营以来，立足科技创新前沿领域，创新成果转化体制，集聚国内外科创和产业资源的重要探索，取得了很好的成效。中瑞生物免疫技术国际合作中心发展良好，在2020年8月举办的安徽科技大市场首期交易会上，中心研发的动物疫苗技术成功签约，实现销售收入3000多万元。

为进一步提升研发实力、增强技术转化能力，推动中心融入长三角一体化发展，安徽创新馆积极对接上海交通大学、苏黎世联邦理工学院、瑞士伯尔尼大学等知名研究机构，拟以安徽创新馆中瑞生物免疫技术国际合作中心为依托，共同组建国际创新联合体——中瑞长三角生物免疫国际创新中心，推动用智能计算取代生物学实验大量重复劳动，促进基础免疫向免疫产品的直接转化以及开展免疫产品的创新研究等。

（二）中德合作历程及做法

2019年9月，世界制造业大会期间，德国弗劳恩协会工业工程研究所、德国斯图加特大学相关人员一行来访安徽创新馆，安徽创新馆抓住这个契机，积极开展对接洽谈。初次见面，双方就技术经理人合作培养、工业自动化与人工智能应用技术转移中心建设、智能化城市建设项目等方面达成深入初步合作意向。历经 7 个月的洽谈，安徽创新馆与德国弗劳恩霍夫协会于 2020 年 4 月 30 日在安徽省"抓创新、抗疫情、促六稳"大型成果交易会上签署了合作框架协议。今年，双方开展了国际技术经理培养课程体系的合作研发，助力安徽创新馆国家技术转移人才基地步入国际化行列。并于 2021 年 3 月举办了 2021 年首期"工业 4.0"国际技术经理培训班，德国弗朗霍夫协会专家授课，并为合格学员颁发德国弗劳恩霍夫协会相关证书。

安徽创新馆与斯图加特大学也一直努力推进双方的合作，在安徽创新馆面向海内外遴选机构的过程中，斯图加特大学积极参与，希望与安徽创新馆共建"斯图加特中国技术转移中心"，目前正在洽谈具体落地事宜。斯图加特中国技术转移中心建成后，可以引进斯图加特大学高新技术转移中心的高新技术成果，并进行持续的线上线下推广，推进德国智能制造技术来安徽的落地转化。同时还将在国际技术经理人培训、技术转移、学术论坛会议、企业孵化、委托研发等领域展开合作。

### 三、合作经验与展望

当前全球科技创新进入空前活跃期，加强国际科技合作既是创新驱动发展的大势所趋，也是应对人类共同挑战的客观需求。用好全球创新资源，促进科学技术在更高起点上的自主创新，是安徽省创新馆坚持不懈的努力目标。

（一）合作经验

一是要提升自身实力。自 2019 年 4 月 24 日开馆以来，安徽创新馆以"政产学研用金"六位一体成果转化体系建设为核心，取得了一系列的工作成效，全面展示和刷新了"创新安徽"形象，引起了社会积极反响。

二是要拓展朋友圈。自开馆以来，安徽创新馆积极拓展高端"朋友圈"，通过"请进来、走出去"相结合的方式，对接了上百家国内外高端机构，也吸引了诸如德国弗劳恩霍夫协会、德国斯图加特大学等知名机构主动来访，为国际科技合作奠定了充实的基础。

三是要提高工作标准。从国际科技合作顶层目标出发，一方面，深入分析了解相关国际合作环境和外方合作诉求，制定合理合作方案；另一方面，明确自身在国际科技合作的目标和定位，增强在国际科技合作中的执行效率。

四是要坚定工作信念。既要正视自己的优势，也要清楚自己的不足，做到自信而不自负、自尊而不自卑，在当前全球经济和科技竞争的新格局下，营造良好的科技创新生态环境，充分发扬安徽创新馆优势并积极吸纳和利用国际优势资源，构建合作共赢的国际科技合作局面。

（二）合作展望

未来，安徽创新馆将坚持践行"品牌化、专业化、国际化"的发展路径，将中瑞、中德合作深入推进，力争在产业合作方面取得优异的成绩。此外，安徽创新馆将积极拓展国际合作资源，目前安徽创新馆与英伟达、陶氏等企业正在洽谈合作事宜，下一步，安徽创新馆力争在项目孵化投资方面开展一定的国际合作。

# 参考文献

［1］安徽省科学技术厅. 关于印发安徽省国际科技合作基地绩效评价办法（试行）的通知［EB/OL］.（2015－06－15）［2021－05－05］. http：//www. ahkjt. gov. cn/openness/detail/content/598436845fe2ff0df1fe6d42. html.

［2］敖致钧. 陆上丝绸之路时期中西方科技交流探析［D］. 重庆：重庆师范大学，2017.

［3］辜胜阻，吴沁沁，王建润. 新型全球化与"一带一路"国际合作研究［J］. 国际金融研究，2017（8）：24－32.

［4］黄烨箐. G20 杭州峰会与国际科技合作：发展态势与中国角色［M］. 上海：上海社会科学文献出版社，2019.

［5］侯建华，韩文娟，王小峰，等. 利用国际科技合作基地培养创新型国际化人才［J］. 教育现代化，2009（28）：29－30.

［6］李丹. 承担国际责任：中国提升国家形象的重要路径［J］. 党政研究，2017（2）：64－69.

［7］芦珊. "一带一路"科技大盘点［J］. 中国科技奖励，2017（6）：30－31.

［8］屈昊. 国际科技合作基地运行管理研究及对策——以安徽省为例［J］. 科技管理研究，2019，39（15）：260－266.

［9］汤华波. 建设湖北省国际科技合作基地的战略思考［J］. 科技创业月刊，2009（12）：15－16.

［10］陶蕊. 中国国际科技合作战略演变分析：基于对历次国际科技合作规划的观察［J］. 中国软科学，2017（增刊 1）：42 – 48.

［11］王彦博. 基于主成分分析的北京市国际科技合作基地国际科技合作能力评价模型研究［J］. 科技管理研究，2019（1）：65 – 69.

［12］许培源，程钦良. 国际科技合作赋能一带一路建设［N］. 中国社会科学报，2020 – 11 – 04（3）.

［13］夏婷，畅红，罗晖. 深化科技人文交流，共筑"一带一路"命运共同体［J］. 全球科技经济瞭望，2017，32（4）：5 – 8.

［14］袁于飞. "国际杰青计划"：科技人文交流的桥梁［N］. 新民晚报，2019 – 04 – 12（1）.

［15］郑世珠. "双一流"战略下地方高校构建"国合基地"的思考［J］. 中国高校科技，2017（3）：18 – 21.

［16］中华人民共和国科学技术部. 科技部关于印发《国家国际科技合作基地管理办法》的通知［EB/OL］.（2011 – 08 – 08）［2019 – 03 – 08］. http：//www. most. gov. cn/xxgk/xinxifenlei/fdzdgknr/fgzc/gfxwj/gfxwj2011/201109/t20110920_ 89714. html.

［17］中华人民共和国科学技术部. 科技部关于印发《"十三五"国际科技创新合作专项规划》的通知［EB/OL］.（2017 – 05 – 04）［2021 – 05 – 05］. http：//www. most. gov. cn/mostinfo/xinxifenlei/fgzc/gfxwj/gfxwj2017/201705/t20170512_ 132771. htm.

［18］中国科学技术交流中心. 国际科技合作基地概况［EB/OL］.（2018 – 11 – 01）［2019 – 05 – 05］. http：//www. cistc. gov. cn/InterCooperationBase/baseintro. asp？column = 741.

［19］中华人民共和国科学技术部. 科技部关于印发《国家国际科技合作基地评估办法（试行）》的通知［EB/OL］.（2014 – 03 – 25）［2021 – 05 – 05］. http：//www. most. gov. cn/kjzc/gjkjzc/gjkjhz/201706/t20170629_ 133826. htm.

［20］中华人民共和国科学技术部. 科技部　发展改革委　外交部　商务部推进"一带一路"建设科技创新合作专项规划［EB/OL］.（2016 – 09 – 14）

［2021 － 05 － 06］. http：//www. most. gov. cn/tztg/201609/t20160914＿ 127689. htm.

［21］中国科学技术交流中心. 发展中国家杰出青年科学家来华工作计划实施指南［EB/OL］.（2017 － 11 － 01）［2021 － 05 － 06］. http：//tysp. cstec. org. cn/Webpages/viewdetail. aspx？id＝4063868720.

［22］张建华. 中国与中东欧国家的科技创新合作［M］. 北京：人民出版社，2020.

［23］赵越. 安徽（合肥）侨梦苑：打造华人华侨双创热土［EB/OL］.（2018 － 1 － 18）［2021 － 05 － 06］. http：//www. chinaqw. com/qmy/2018/01 － 18/175828. shtml.

# 致　谢

《安徽省国际科技合作征程（2013~2020年）》从2020年下半年开始编写，目前已经完成编辑、送审和校对工作，即将交付印刷。本书能够顺利出版，首先要感谢中国技术市场协会会长、科技部原科技参赞、人事司司长陶元兴为本书作序。

感谢安徽省发展和改革委员会、安徽省人民政府外事办公室、安徽省商务厅等单位，在本书编写过程中给予的关心和支持，感谢相关高校院所及企业提供的典型案例。

特别感谢经济管理出版社经略融知分社社长郭丽娟，为本书的审稿、校对和出版工作付出了颇多心血，她的敬业和专业保证了本书的顺利出版与发行。

《安徽省国际科技合作征程（2013~2020年）》编写组
2021年8月